Deutsche Rentenversicherung – Basis der Altersvorsorge

Steffen Horn • Dirk R. Schuchardt

Deutsche Rentenversicherung – Basis der Altersvorsorge

Grundwissen und Beispiele für die Beratungspraxis, Rechtsstand 1. Juli 2014

Steffen Horn
Versicherungswirtschaft
Aschersleben
Deutschland

Dirk R. Schuchardt
Rentenfernsehen.de
Duisburg
Deutschland

ISBN 978-3-658-06674-1   ISBN 978-3-658-06675-8 (eBook)
DOI 10.1007/978-3-658-06675-8

Die Deutsche Nationalbibliothek verzeichnet diese Publikation in der Deutschen Nationalbibliografie; detaillierte bibliografische Daten sind im Internet über http://dnb.d-nb.de abrufbar.

Springer Gabler
© Springer Fachmedien Wiesbaden 2015

Gedruckt auf säurefreiem und chlorfrei gebleichtem Papier

Springer Gabler ist eine Marke von Springer DE. Springer DE ist Teil der Fachverlagsgruppe Springer Science+Business Media
www.springer-gabler.de

Vorwort Steffen Horn

Als Berater bestimmen Sie bewusst oder unbewusst die Auswirkungen für heutige und zukünftige Vorsorge. Damit eng verbunden, sind auch Sie Teil des gesellschaftlichen Standards. Wollen Sie mitbestimmen, hinterfragen oder nett umsorgt der multimedialen Informationsgesellschaft Folge leisten? Was heute noch richtig scheint, kann morgen längst ins Gegenteil umschlagen. Im Umkehrschluss, dass was heute schmerzhaft und überflüssig zu sein scheint, morgen seinen notwendigen Platz einnehmen.

„Ein Experte ist ein Mann, der hinterher genau sagen kann, warum seine Prognose nicht gestimmt hat." Winston Churchill

Ist es nicht so? Hinterher ist man immer schlauer. Zur leichteren Lesbarkeit wurde im Buch die männliche Schreibweise gewählt. Angesprochen sind natürlich immer Leserinnen und Leser! Die nachfolgenden Ausführungen zur Deutschen Rentenversicherung werden auch zukünftig in den Aussagen der Presse, zerrissen oder befürwortet werden. Aber was sind die Hintergründe dafür? Da jedes System nicht nur schlechte, sondern auch gute Seiten hat, stellte ich mir die Frage: Kann man den Blickwinkel ändern und sich auf diese und andere Fragen eine Antwort geben? Verunsicherung und Skepsis, durch Tageszeitungen und Nachrichten hervorgerufen, können nur durch Wissen aufgelöst werden. Denken Sie nur an die Aussage von Dr. Norbert Blüm im Jahr 1986: „Die Rente ist sicher". Rund dreißig Jahre später, sind die Diskussionen um die Sicherheit der Altersvorsorge nach wie vor aktuell. Die Fragen sind stets die gleichen. Kein Wunder, die Sicherung des Lebensstandards im Alter gehört zu den Grundpfeilern der sozialen Sicherung. Dabei entwickelt sich unsere Gesellschaft in den kommenden Jahren, in einer schneller werdenden Dynamik, hin zu einer Individualisierung und zu mehr Autonomie. Von dort aus zu einem größeren Konkurrenzkampf, vor allem in Arbeitswelt, Universitäten und sogar an Schulen. Dem wiederum folgen die wachsende Isolierung des Einzelnen und der sichtbare Verfall der sozialen Integration. Der Verlust der Gemeinschaft und die Verstärkung eines rücksichtslosen Durchsetzungsstrebens, erfolgen mitten in einer länger andauernden Wirtschaftskrise. In dieser Atmosphäre nimmt die Fürsorgepflicht, den Kindern, der Eltern aber auch sich selbst gegenüber, völlig neue Formen an. Wie treten Sie dem sozialen Zwiespalt entgegen?

In Zukunft bedeutet Vorsorge, auch die Kräfte und Fähigkeiten des Herzens ebenso zu nutzen, wie die Fähigkeiten des Kopfes. Vorsorge für morgen bedeutet aber auch, heute auf Konsum zu verzichten. Entscheidend ist dabei, dass theoretische Wissen in der Praxis anwenden zu können. Die Alternative dazu: ein verelendeter, emotionsloser Intellekt im vollen Bewusstsein der Fachlichkeit. Es gibt bereits erste Lösungsansätze. Empathie, Emotionen und Fachlichkeit gepaart, in beratender Einfachheit und Ehrlichkeit, können den Alltag ein Stück weit sicherer gestalten.

Ihr Gegenüber will auf Augenhöhe behandelt werden, mitreden, mitbestimmen, verstehen aber auch verstanden werden. Ich möchte mit dem vorliegenden Werk, den offenen Dialog mit Menschen auf Augenhöhe fördern. Beraten & Verkaufen haben dabei sehr viel mit Vertrauen zu tun. Und Vertrauen kommt bekanntlich von Verstehen. Ausgiebiges Zuhören und daraus wachsende Bedürfnisse erkennen – ein Anspruch dem nicht mehr jeder Berater gerecht wird. Ein Produktverkauf kann und darf nie den primären Einstieg in eine Beratung bilden. Wann haben Sie letztmalig durch die Brille Ihres Gegenübers geschaut?

„Zwei Dinge sind zu unserer Arbeit nötig: Unermüdliche Ausdauer und die Bereitschaft, etwas, in das man viel Zeit und Arbeit gesteckt hat, wieder wegzuwerfen." Albert Einstein

Helfen Sie mit, dass verlorengegangene Vertrauen und teilweise Desinteresse im Bereich der Vorsorge, Stück für Stück zurückzugewinnen und die Freude am Job, durch die Freude am Menschen mit zu gestalten. Es gilt wie immer: „Man trifft sich zweimal im Leben, hat auch hier seine Gültigkeit!" Anstatt „verraten und verkauft" zu leben, sollten wir mehr und mehr souverän Beraten. Die zukünftige und verstärkte Reglementierung in der Versicherungsbranche, macht es zu einem absoluten Muss, qualitativ zu Beraten.

Wie sich die Möglichkeiten auf die gesetzliche Rentenversicherung auswirken und was das konkret bedeutet, wird in den einzelnen Punkten des Buches immer wieder aufgegriffen. Eigenes und weiterführendes Denken ist dabei absolut erwünscht. Bringen Sie Ihre „Weiterführenden Informationen" auf Papier und somit in den ersten Schritt der Umsetzung. Sie finden die Möglichkeit hierzu am Ende des Buches. Ihre Ideen geben dem Buch somit eine individuelle Note.

Wenn unser Buch das bewirkt, hat es viel erreicht.

Aber Achtung Es gilt bei einer Rentenberatung das Rechtsdienstleistungsgesetz (RDG) zu berücksichtigen. Das Gesetz und deren Inhalte werden deshalb unmittelbar auf den Folgeseiten – im Punkt 1.1 dargestellt.

Ascherleben, im Oktober 2014   *Steffen Horn*
                                                                         Diplom-Ingenieur (FH)
                                                            Kontakt unter: st-horn@gmx.de

Vorwort Dirk R. Schuchardt

„Bad news are good news" – dieser journalistische Grundsatz gilt insbesondere dann, wenn es um die Zukunftsfähigkeit der gesetzlichen Rentenversicherung geht. Natürlich bedarf die private Versicherungswirtschaft als vermeintliches Verkaufsargument eines Schreckensszenarios, so wie es häufig Prof. Kurt Biedenkopf mit dem Gerede von der „Einheitsrente" getan hat, um ihre Produkte an den Kunden zu bringen. Ein weiteres Argument liefert die Riester-Rente, ohne diese man die Folgen des absinkenden Rentenniveaus künftig voll verkraften müsse. Das Gemeine an dieser Verkaufsstrategie ist, dass ich mein zu verkaufendes Produkt nur dadurch im guten Licht dastehen lassen kann, in dem ich das gesetzliche Rentenversicherungssystem zerrede. Wäre es nicht ehrlicher, die Vorzüge des zu verkaufenden Produktes anzupreisen, ohne das gesetzliche System regelrecht zu mobben? Zu Recht kritisiert Dr. Norbert Blüm, dass der Motor zwangläufig anfange müsse zu stottern, wenn man ihm das Benzin erziehe (siehe Interview auf www.rentenfernsehen.de vom 24.02.2012). Dieses „Benzin" besteht nicht nur aus den Finanzströmen, die man beispielsweise durch Direktversicherungen dem Umlagesystem entzieht, sondern vor allem durch Vertrauen. *„Vertrauen ist der Anfang von allem"* warb die Deutsche Bank in den 1990iger Jahren. Dies gilt hundertprozentig auch für die gesetzliche Rentenversicherung.

Alles und Jeder, der das Umlagesystem der gesetzlichen Rentenversicherung diskreditiert, befeuert nur das Mantra einer selbsterfüllenden Prophezeiung. Wer als Berater behauptet, die Rentenkasse sei leer, dann eine Direktversicherung verkauft und sich der Kunde anschließend über niedrige gesetzliche Renten beklagt, hat geholfen, diese Prophezeiung zu erfüllen.

Dabei ergänzen sich das staatliche Zwangsversicherungssystem und die private Versicherung optimal. Statt in den Widerstreit zu treten, lohnt es sich für beide Seiten über den eigenen Tellerrand zu schauen. So bietet die gesetzlichen Rentenversicherung auch denjenigen Schutz, die aufgrund einer Vorerkrankung nie einen Vertrag über eine private BU-Versicherung erhalten würden, Einzahlungen in die gesetzliche Rentenkasse sind automatisch insolvenzsicher und – vielleicht der wichtigste Grund – die Zahlung aus dem gesetzlichen Rentenversicherungssystem ist – fernab von Kriegen, Wirtschafts-, Finanz- und Euro-Krisen – sicher. Ohne private Versicherung hingegen wäre die Stabilität des eigenen Wohlstandes im Alter, für die die Solidargemeinschaft nicht in Mithaftung genommen werden kann, wohl kaum möglich.

Aber auch den Hitzköpfen auf beiden Seiten muss klar sein, dass beide Systeme an der Grunderkrankung „Morbus Demografie" leiden. Die Kinder, die künftig nicht geboren werden, fehlen genauso, wenn es darum geht, das Umlagesystem am Laufen zu halten, wie es wenn es darum geht, Zinsgewinne zu generieren.

Sie werden mit diesem Buch ein Stück weit „Terra Incognita" betreten, in dem Sie Seiten aus der Praxis der gesetzlichen Rentenversicherung kennen lernen, die Sie bisher nicht kannten. Das Buch wird Sie nicht zum Rentenberater machen (zumal auch das Gesetz über die außergerichtlichen Rechtsdienstleistungen Ihnen auch genau dieses verbietet), aber Sie werden nicht zuletzt anhand einer echten Rentenauskunft einige Alarmglocken gesetzt bekommen, die Ihnen im Kundengespräch helfen werden, Ihren Kunden den richtigen Weg in Rentenfragen zu weisen. Und dem, der einem guten Rententipp gegeben hat, den wird man auch sein Vertrauen schenken, wenn es um das richtige Versicherungsprodukt oder die geeignete Kapitalanlage geht.

Duisburg, im Oktober 2014   *Dirk R. Schuchardt*
                                                                          Diplom-Verwaltungswirt (FH)
                                                          Kontakt unter: post@rentenfernsehen.de

Inhaltsverzeichnis

Das gesetzliche Leistungsspektrum

1

1.1 Das Rechtsdienstleistungsgesetz

Das zum 01.07.2008 in Kraft getretene Rechtsdienstleistungsgesetz (RGD) regelt die Befugnis zur Erbringung von Rechtsdienstleistungen. Es baut dabei auf dem aus dem Jahre 1935 stammenden Rechtsberatungsgesetz (RBerG) auf. Ziel des Gesetzes ist es, einen Rechtssuchenden, vor unqualifizierten Rechtsdienstleistungen zu schützen. Entscheidend für die nachfolgenden Ausführungen ist der § 10 RDG, der folgendes besagt:

§ 10 Rechtsdienstleistungen aufgrund besonderer Sachkunde
(1) Natürliche und juristische Personen sowie Gesellschaften ohne Rechtspersönlichkeit, die bei der zuständigen Behörde registriert sind (registrierte Personen), dürfen aufgrund besonderer Sachkunde Rechtsdienstleistungen in folgenden Bereichen erbringen:
1. [...]
2. Rentenberatung auf dem Gebiet der gesetzlichen Renten- und Unfallversicherung, des sozialen Entschädigungsrechts, des übrigen Sozialversicherungs- und Schwerbehindertenrechts mit Bezug zu einer gesetzlichen Rente sowie der betrieblichen und berufsständischen Versorgung,
3. [...].
(2) Die Registrierung erfolgt auf Antrag. Soweit nach Absatz 1 Satz 2 Teilbereiche bestimmt sind, kann der Antrag auf einen oder mehrere dieser Teilbereiche beschränkt werden.
(3) Die Registrierung kann, wenn dies zum Schutz der Rechtsuchenden oder des Rechtsverkehrs erforderlich ist, von Bedingungen abhängig gemacht oder mit Auflagen verbunden werden [...].

© Springer Fachmedien Wiesbaden 2015
S. Horn, D. R. Schuchardt, *Deutsche Rentenversicherung – Basis der Altersvorsorge*,
DOI 10.1007/978-3-658-06675-8_1

Die „besondere Sachkunde" ist in erster Linie bei Juristen, Diplom-Verwaltungswirten (Bachelor of Laws) oder Sozialversicherungsfachangestellten anzunehmen. Für Versicherungsvertreter und Finanzberater aller Art wird das zuständige Gericht eine Registrierung wohl verweigern. Wenn Sie sich dennoch für eine Tätigkeit als niedergelassener Rentenberater interessieren, fragen Sie beim Bundesverband der Rentenberater nach, die auch ein entsprechendes Ausbildungsprogramm anbieten (www.rentenberater.de).

Die rechtliche Arbeitsanweisung (vgl. Deutsche Rentenversicherung 2014) der DRV stellt hierzu klar:

> Die direkte Übersendung einer Rentenauskunft/Renteninformation an einen bevollmächtigten Versicherungsvertreter oder Versicherungsmakler (Finanzdienstleister) ist zulässig, soweit es sich dabei lediglich um eine „rechtsbesorgende Bagatelltätigkeit" handelt, d. h., eine rechtliche Prüfung des Vorgangs nur deshalb nicht erfolgt und eine Rechtsdienstleistung i. S. des Rechtsdienstleistungsgesetzes (RDG) nicht vorliegt, weil der Versicherte den Finanzdienstleister ausschließlich mit dem Ziel eingeschaltet hat, Anlagevermittlung bzw. Anlageberatung zu betreiben.
>
> Letzteres ist ggf. über den Versicherten zu klären. Gleiches gilt, wenn der Versicherte um eine entsprechende Übersendung an den Versicherungsvertreter/Versicherungsmakler bittet. Entsprechende Nachfragen beim Versicherten dürften regelmäßig ergeben, dass die Anforderung im Zusammenhang mit einer Anlageberatung bzw. Anlagevermittlung steht (Ermittlung der sog. „Versorgungslücke") und damit zulässig ist.
>
> Wenn sich allerdings herausstellt bzw. eindeutig erkennbar ist, dass der Versicherte den Finanzdienstleister gerade mit dem Ziel eingeschaltet hat, die Auskunft bzw. Information von ihm unter Anwendung der einschlägigen gesetzlichen Vorschriften prüfen oder sich über die rechtlichen Folgen aufklären zu lassen, scheidet eine direkte Übersendung an den Bevollmächtigten aus. Es handelt sich dann um eine unzulässige Rechtsdienstleistung nach § 10 RDG bzw. § 5 RDG und die Rentenauskunft/Renteninformation ist dem Versicherten zu übersenden.

Fazit

Um erst gar nicht mit der Deutschen Rentenversicherung anzuecken, sollte der Kunde den Schriftverkehr immer selbst führen (Versicherungsverlauf, Rentenauskünfte, Kontenklärung, Widersprüche etc.).

1.2   Soziale Sicherung in Deutschland

Viele Menschen können ohne Freunde, Familie und damit das gesellschaftliche Miteinander schlecht existieren. Genau dieses Grundprinzip nutzt unser Sozialstaat. Denn wenn jeder nur an sich denkt, dann ist es kläglich für diejenigen, die krank, in Not oder im Ruhestand angekommen sind. Oft gibt es für jene keinen finanziellen Handlungsspielraum. Was wenn wir plötzlich selbst betroffen sind? Dann ist es gut, auf die Sozialgemeinschaft zurückgreifen zu dürfen. Vielleicht werden Sie sich fragen, was Deutschland noch mit einem Sozialstaat zu tun hat. Das Prinzip ist einfach: Die Gesunden helfen den Kranken, die Jungen den Alten, die Arbeitenden den Erwerbslosen. Erst ein absoluter Verlust der vorhandenen Werte schärft den Blick auf die Vorzüge und diesen sozialen Aspekt. Das soziale Sicherungssystem in Deutschland stellt sich dabei auf einem soliden Fundament auf. Basierend auf dem Sozialstaatprinzip (Artikel 20 des Grundgesetzes) sind die fünf wesentlichen Sozialversicherungszweige:

- SGB III Arbeitslosenversicherung, -förderung (ALV)
- SGB V Gesetzliche Krankenversicherung (GKV)
- SGB VI Gesetzliche Rentenversicherung (GRV)
- SGB VII Gesetzliche Unfallversicherung (GUV)
- SGB XI Soziale Pflegeversicherung (SPV)

Oberstes Ziel bei den insgesamt zwölf Sozialgesetzbüchern ist es, die soziale Sicherung des Einzelnen zu ermöglichen. Sichergestellt wird das durch ein Versicherungsprinzip. Eine Ausnahme hiervon bildet die Sozialhilfe nach dem SGB XII. Im Versicherungsprinzip werden Leistungsansprüche durch die vom Versicherten erbrachten Beiträge begründet. Bei einer Bedürftigkeit des Versicherten werden aus Steuern finanzierte Sozialleistungen nach dem Fürsorgeprinzip gewährt.

Dabei steht Deutschland ständig vor neuen Herausforderungen. In einer Gesellschaft, die aufgrund des medizinischen Fortschrittes älter wird, steigen sowohl die Kosten für gesundheitliche Aufwendungen als auch langandauernde Altersrenten. Zudem bedeuten sinkende Geburtenzahlen weniger Erwerbstätige (= Beitragszahler) und damit steigende Beiträge für jeden Einzelnen. Bringen mehr Geburten aber höhere Renten für den Einzelnen? Die Globalisierung und die damit verbundenen wirtschaftlichen Herausforderungen bringen zusätzliche Schwierigkeiten für die Stabilisierung der einzelnen Sozialversicherungszweige. Zwar hat die Zahl der sozialversicherungspflichtigen Beschäftigungsverhältnisse in den letzten Jahren zugenommen, mit ihr wuchs aber auch die Zahl derer, die in Minijobs beschäftigt waren. Was bedeutet das für den Einzelnen und seine individuelle Rente? Das höchste Gut ist die weitere Förderung der Ausbildung junger Menschen. Die Vereinbarkeit von Familie und Beruf ist dabei ebenso notwendig wie eine Integration älterer Arbeitnehmer und der Langzeitarbeitslosen. Danach sind weitere Maßnahmen erforderlich, damit Wirtschaft und Sozialstaat vereinbar bleiben. Dabei steht das System der gesetzlichen Rentenversicherung unter ständigem „Beschuss", weil es vier widerstrebenden Interessen gerecht werden muss (vgl. Abb. 1.1).

Viele ausländische Mitbürger sind zahlende Mitglieder der Rentenversicherung geworden. Dank Arbeitnehmerfreizügigkeit sind es etwa 4,2 Mio. ausländische Staatsangehörige, die ihre Beiträge an die Rentenversicherung entrichten und die Kassen damit zusätzlich stabilisieren. Dabei profitieren die Deutschen nicht nur kulturell und zwischenmenschlich von der Zuwanderung. Laut Angaben der Deutschen Rentenversicherung lohnt sich Immigration auch sozialwirtschaftlich. Für die kommenden Jahre erwarten die Experten einen weiteren Anstieg der ausländischen Einzahlungen.

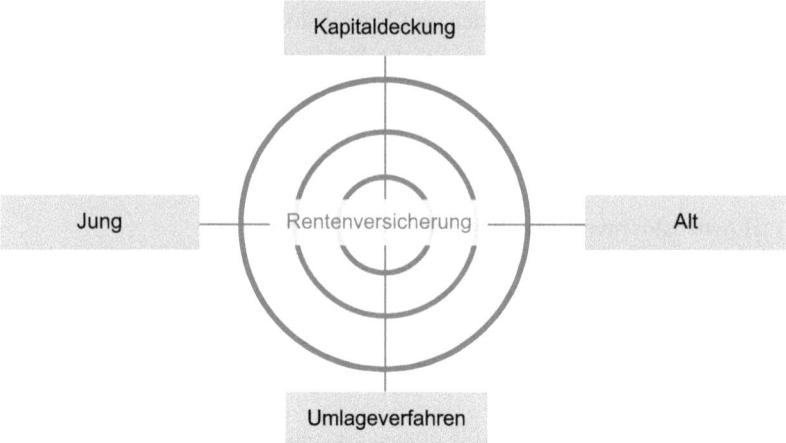

Abb. 1.1 Rentenversicherung im „Beschuss"

Seit Mai 2011 können Staatsbürger der acht EU-Mitgliedstaaten Polen, Tschechien, Slowakei, Slowenien, Litauen, Lettland, Estland und Ungarn frei und ohne Befristung Arbeit im europäischen Ausland suchen. Auch Bürgerinnen und Bürger der südeuropäischen Krisenländer haben aufgrund ihrer Arbeitslosigkeit im Jahr 2011 ihre Heimat verlassen. Junge und gut ausgebildete Spanier werden bereits als „verlorene Generation" bezeichnet, da die Jugendarbeitslosigkeit immer weiter zunimmt. Auch in Portugal und Griechenland finden die Menschen keine Arbeit mehr. Die wirtschaftliche Lage ist so bedrückend, dass die Menschen dazu gezwungen sind, im Ausland zu arbeiten und Geld nach Hause zu schicken. Deutschland als wirtschaftlich gut gestelltes Land mit Fachkräftemangel und einer alternden Gesellschaft hat die Zuwanderung besonders nötig, um seine Wirtschaftskraft dauerhaft zu sichern. Der demografische Wandel wird ansonsten für die Deutsche Rentenversicherung zur Zerreißprobe. Strittig bleibt jedoch, ob Zuwanderung allein die Belastungen der Rentenkasse in 20 bis 30 Jahren ausgleichen kann.

Der Einzelne trägt somit entscheidend dazu bei, für sich selbst und die Gesellschaft Verantwortung aus eigener Kraft zu übernehmen. Jeder Bürger soll die Möglichkeit haben, sein Leben zu gestalten. Dazu gehört es auch, Bildungschancen zu nutzen und auf Fragen eine Antwort zu haben. Fragen, die in jeder Generation identisch sind:

- Was erwartet mich zukünftig im Privat- und Berufsleben?
- Welche Möglichkeiten bekomme ich und kann ich diese auch ergreifen?
- Wie sorge ich für mich und meine Familie vor?
- Welchen Preis bin ich bereit dafür zu zahlen?

Altersvorsorge beginnt somit bei der der Grundinvestition „Bildung (Schule = Aus-/Weiterbildung = Berufschancen) und der damit verbundenen Möglichkeit zur Zukunftsgestaltung.

Und lautet die Überschrift: „Soziale Sicherung in Deutschland", so gibt es zahlreiche gesetzliche Regelungen und Angebote, um Menschen zu helfen, ihren Lebensstandard und ihre Freiheitsrechte zu sichern. Die Sozialversicherungen schützen in verschiedenen sozialen Notlagen, ob bei Arbeitslosigkeit, Krankheit, Pflegebedürftigkeit, nach einem Arbeitsunfall oder wenn die Altersrente erreicht wird. Doch was heißt dieses soziale Selbstverständnis unter den Herausforderungen des 21. Jahrhunderts? Neben dem Abbau der Staatsverschuldung, einen gut überlegten Umgang mit den Erkenntnissen der Finanzkrise und der Globalisierung, muss die Armutsbekämpfung und Aufrechterhaltung der sozialen Systeme weiterhin gestärkt werden. Das zeichnet die Grundmechanismen der Sozialversicherung aus. Die verbindlichen sechs Prinzipien regeln dabei:

Prinzip der Versicherungspflicht Nicht die Entscheidung des Einzelnen ist maßgebend, ob er sich am Sozialversicherungssystem beteiligen möchte. Es besteht vielmehr eine weitest gehende Versicherungspflicht für die Bürger. Das führt dazu, dass in Deutschland ca. 90 % der Bevölkerung Mitglied in der Sozialversicherung sind. Lediglich Beamte, viele Selbständige und Angehöriger verkammerter Berufe (Ärzte, Rechtsanwälte, etc.) können sich der großen Solidargemeinschaft entziehen und ihr eigenes und weitaus wohlschmeckenderes „Vorsorgesüppchen" kochen. Politische Forderungen nach einer „Erwerbstätigenversicherung" oder „Bürgerversicherung" haben derzeit keine Chance auf Realisierung.

Prinzip der Beitragsfinanzierung Aus den Beiträgen der Arbeitnehmer und Arbeitgeber werden die jeweiligen Leistungen der Sozialversicherungen überwiegend finanziert. Die Höhe der Beiträge richtet sich dabei in der Regel nach dem Bruttogehalt des Arbeitnehmers.

Prinzip der Solidarität Im Prinzip wird die Sozialversicherung solidarisch von den Beiträgen von Arbeitnehmern und Arbeitgebern getragen. Seit jeher trafen diese Grundprinzipien aber nicht auf die Unfallversicherung (allein arbeitgeberfinanziert) und die knappschaftliche Rentenversicherung (Arbeitgeber trägt mehr als die Hälfte des gegenüber der allgemeinen Rentenversicherung höheren Beitrages) zu. In der Krankenversicherung (Beitragszuschlag von 0,9 % für Zahnersatz; Festschreibung des Arbeitgeberanteils) und in der Rentenversicherung (Riester-Rente) wird neuerdings das Solidaritätsprinzip aufgeweicht.

Prinzip der Äquivalenz Dabei berechnet sich die Höhe der Leistungen nach den zuvor geleisteten Beiträgen. Äquivalenz bedeutet, dass die Berechnung der Höhe der Sozialleistung aus den der Beitragsbemessung zugrundliegendem Einkommen erfolgt.

Prinzip der Selbstverwaltung Der Staat hat die Verwaltung an die Träger der Sozialversicherungen übertragen. Diese sind organisatorisch und finanziell selbständig, stehen jedoch unter der Rechtsaufsicht des Staates. An dieser Selbstverwaltung sind Arbeitnehmer und Arbeitgeber unmittelbar beteiligt. Mit der kommenden Sozialwahl 2017 erfolgt erneut die Wahl der gesetzlichen Selbstverwaltungsorgane (Träger der gesetzlichen Renten-, Kranken- und Unfallversicherung).

Finanzierungsoptionen des Sozialstaates Das Gelingen eines sozialen Sicherungssystems ist einer ständigen ökonomischen und politischen Prüfung unterzogen. Dabei sind die gesellschaftlichen Rahmenbedingungen maßgeblich. Neben der klassischen Familie gilt es auch, die Alleinverdienerhaushalte zu berücksichtigen. Änderungen innerhalb der Familienstruktur haben zwangsläufig Auswirkungen auf die Berufsstruktur. Die nationalen Änderungen gilt es dabei ständig im internationalen Abgleich neu zu justieren, was unterschiedliche Möglichkeiten mit sich bringt. Denkbar sind verschiedene Möglichkeiten im Sozialstaat:

- Leistungsdrosselung auf der Empfängerseite
- Quersubventionierung aus zusätzlichen Steuereinnahmen
- weitere Förderung der Eigenvorsorge (Riester-Rente, Pflege-Bahr)
- Vollbeschäftigung wird mehr Menschen zugänglich gemacht
- Der Staat verändert Beitragssätze der Einzahlenden.

Entscheidend ist es, das wirtschaftliche Leistungsvermögen mit den entsprechenden Risiken (zum Beispiel Erwerbsminderung, Alter, Tod) in einer ausgewogen Korrelation ständig neu zu justieren.

In Artikel 20 Absatz 1 des Grundgesetzes heißt es: „Die Bundesrepublik Deutschland ist ein demokratischer und sozialer Bundesstaat"

In Artikel 28 Absatz 1 Grundgesetz heißt es: „Die verfassungsmäßige Ordnung in den Ländern muss den Grundsätzen des republikanischen, demokratischen und sozialen Rechtsstaates im Sinne dieses Grundgesetzes entsprechen"

Fazit

Der Sozialstaat Deutschland erfuhr in der Vergangenheit zahlreiche, gravierende Veränderungen. Eine soziale Gerechtigkeit entsteht dabei nicht von selbst. Vielmehr wurde der Grundgedanke des Sozialstaates in unserer Verfassung verankert. Ein wesentliches Problem für die sozialen Systeme ist der demografische Wandel. Wichtig ist vor allem, dass sich Männer und Frauen, Junge wie Alte, mit der langfristigen Sicherung ihres Lebensstandards auseinandersetzen und ihre heutigen Optionen prüfen und daraus ihre Handlungen systematisch ableiten. Aktuell gehen viel zu viele Bürger, unbewusst, oder viel schlimmer bewusst, planlos in die Zukunft.

In Anlage 1 werden die fünf Sozialversicherungszweige nochmals zusammenfassend dargestellt. Die Anlage gibt die Möglichkeit zum weiteren Informationsausbau, den entsprechenden Beiträgen und Leistungen.

1.3   Gesetzliche Versorgung innerhalb der ersten Säule

Jeder Sozialversicherungszweig, so auch die gesetzliche Rentenversicherung, hat eigene Versicherungsträger. Seit dem 01.10.2005 firmieren alle Rentenversicherungsträger (die Bundesversicherungsanstalt für Angestellte BfA, die 22 Landesversicherungsanstalten LVA, die Bundesknappschaft, die Bahnversicherungsanstalt und die Seekasse sowie der Verband Deutscher Rentenversicherungsträger VDR) unter „Deutsche Rentenversicherung". Eine Liste aller Träger finden Sie in Anlage 4.

Auf Bundesebene gab es zwei Zusammenschlüsse: Zum einen zwischen dem Verband Deutscher Rentenversicherungsträger und der Bundesversicherungsanstalt für Angestellte, zum anderen zwischen Bundesknappschaft, Bahnversicherungsanstalt und Seekasse. Gleichzeitig verschmolzen einige Landesversicherungsanstalten zu größeren Regionalträgern. Weitere Zusammenschlüsse auf regionaler Ebene sind zukünftig denkbar. Die DRV ist somit europaweit der größte gesetzliche Rentenversicherer. Mit rund 57 Mio. Versicherten und mehr als 120 Jahren Geschichte ist sie der wichtigste Pfeiler der Alterssicherung. Die Arbeitnehmer zahlen ihre Beiträge an die Sozialversicherungszweige im Lohnabzugsverfahren. Die Beiträge des Arbeitnehmers vom Bruttogehalt und ein Beitragsanteil des Arbeitgebers, werden an die Einzugsstelle (Krankenkasse) überwiesen. Die zuständige Einzugsstelle leitet die einzelnen Beiträge dann weiter. Auch für privat krankenversicherte Arbeitnehmer wird durch den Arbeitgeber die Zahlung an die zuständige gesetzliche Krankenversicherung vorgenommen, die für die Pflichtversicherung zuständig wäre. Fast überwiegend (mit Ausnahme der knappschaftlichen Rentenversicherung) greift das Prinzip der paritätischen Finanzierung. Arbeitnehmer und Arbeitgeber zahlen in der Regel, jeweils die Hälfte der Aufwendungen.

Die gesetzliche Rentenversicherung wird im sechsten Sozialgesetzbuch (SGB VI) geregelt. Kurz gesagt: dem Versicherten wird Schutz bei Gefährdung oder Minderung der Erwerbstätigkeit, im Alter und bei Tod für die Hinterbliebenen gewährt.

Das Sozialgesetzbuch regelt in seiner Gesamtheit die:

- Aufklärung und Beratung von Versicherten und Rentnern (§§ 13, 14, 15 SGB I),
- Rehabilitationsleistungen bzw. Leistungen zur Teilhabe am Arbeitsleben (SGB IX),
- Gewährung von Teil- und Vollrenten und verschiedene Zusatzleistungen (SGB VI),
- Beitragszahlungen zur Krankenversicherung der Rentner (KVdR) (SGB VI).

Die „finanzielle Sicherheit" in verschiedenen Lebenslagen führt zu Abb. 1.2. Sie stellt die Verknüpfung verschiedener Vorsorgekomponenten dar. Es wird das Bild eines Hauses deutlich, mit dem das heutige Gesamtkonzept „Vorsorge" vergleichbar ist. Das magische Dreieck der Geldanlage bildet das Dach des Hauses und somit auch den Schutz für viele Entscheidungen. Die Säulen und somit den Kern bilden die bereits bekannten drei Säulen, ergänzt um die Stützen: Eigenverantwortung und Beraterverantwortung. Den Keller und damit die notwendige Ergänzung bilden private (Zusatz-)Absicherungen, wie private Haftpflicht- und Risikoversicherungen für die Wechselfälle des Lebens. Ohne ein

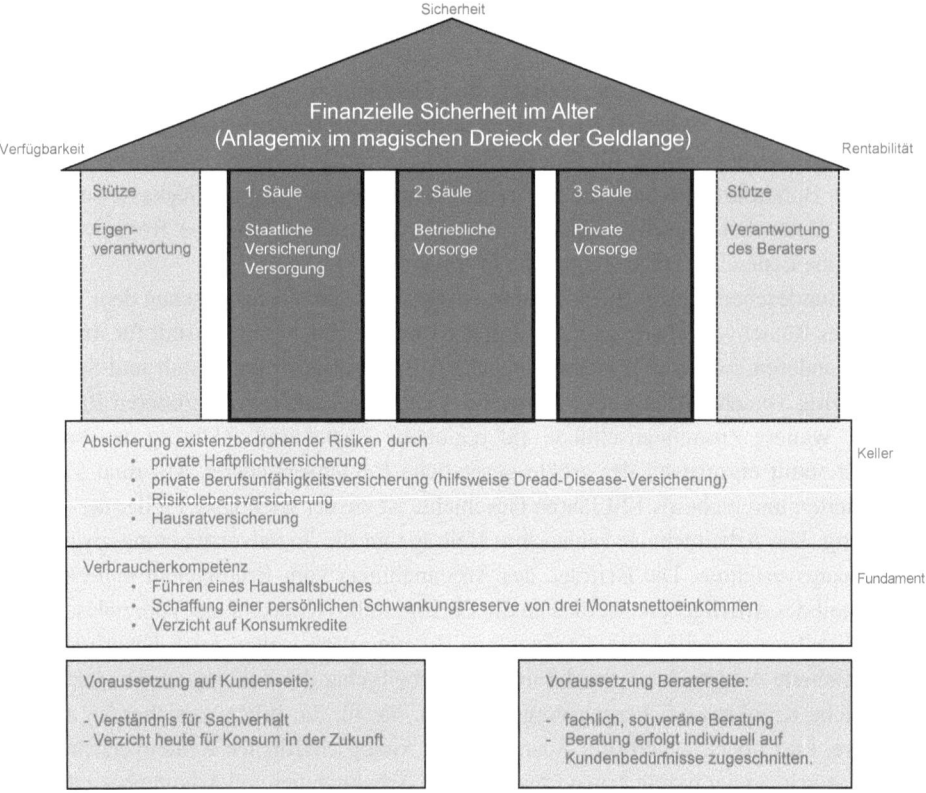

Abb. 1.2 Drei-plus-zwei Säulenkonzept Vorsorge

vernüftiges Fundament (Führen eines Haushaltsbuches, Vermeidung unnötiger Ausgaben usw.) kommt es schnell zu Rissen im Gesamtkonzept. Das gilt für den Hausbau ebenso wie für ein individuelles Vorsorgekonzept.

Nutzen Sie Abb. 1.2 von Zeit zu Zeit, um sich den einzelnen Bestandteilen in einer Beratung wieder bewusst zu werden und einst getroffene Entscheidungen zu überprüfen und ggf. neu zu justieren.

In der ersten, für viele Menschen obligatorischen Säule ist die Mehrzahl der Bürger in Deutschland abgesichert. Neben der gesetzlichen Rentenversicherung gehören aber drei weitere öffentlich-rechtliche, die gesetzliche Rentenversicherung ersetzende Pflichtsysteme zur ersten Säule:

- Alterssicherung der Landwirte,
- Beamtenversorgung,
- Berufsständische Versorgungseinrichtung (zum Beispiel Ärzte, Architekten).

Um das ursprüngliche Drei-Säulen-Konzept zu komplettieren, sollen die beiden anderen Säulen nicht unerwähnt bleiben. Die betriebliche Altersversorgung (bAV) ergänzt zunehmend die gesetzlichen Leistungen innerhalb der zweiten Säule. Die dritte Säule umfasst die eigenverantwortliche, private Vorsorge.

Die Palette der Möglichkeiten in der dritten Säule ist breit gestreut: von Klassik-, über Fonds- Renten bis hin zum Einbezug materieller Werte, wie das Wohneigentum. Das alles funktioniert aber nur dann, wenn die beiden Zusatzstützen (Eigen- und Beraterverantwortung) in einer auf Augenhöhe stattfindende Kommunikation treffen. Häufig findet sich aber ein hohes Wissensgefälle in der Experten-Laien-Kommunikation. **Hierdurch besteht die Gefahr eines unentdeckten Verständigungsproblems, weil das Vorwissen des Kunden falsch eingeschätzt wird**. Die Folge: Gespräche scheitern, weil beide Gesprächspartner von unterschiedlichen Sachverhalten ausgehen und schlicht aneinander vorbeireden.

Die gesetzliche Versorgung innerhalb der ersten Säule wird durch verschiedene Gesetzesänderungen mehr und mehr zu einer Grundversorgung reduziert. Zu erwartende Defizite bei den Alterseinkünften lassen sich nur durch einen Einbezug der beiden anderen Säulen (der betrieblichen und privaten Vorsorge) kompensieren. Der Gesetzgeber flankiert die Vorsorge durch entsprechende Förderung und eine permanente Aufklärung und Beratung der Versicherten im Rahmen der Renteninformation. In Kap. 3 werden wir sehr genau auf deren Inhalte eingehen. Auch eine steuerliche Begünstigung und Förderung betrieblicher als auch privater Vorsorge bringen den Fördergedanken zum Ausdruck. Der Eindruck einer „Grundversorgung" wird spätestens im Leistungsfall deutlich. Ein Blick auf die durchschnittlichen Versichertenrenten aus der gRV verstärkt die getroffene Aussage.

Die Renten leiten sich im Wesentlichen aus dem Einkommen des Versicherten ab. Beiträge werden bis zur Beitragsbemessungsgrenze erhoben. Schauen Sie in den Rentenbestand der Deutschen Rentenversicherung (vgl. Deutsche Rentenversicherung 2013a), so finden Sie die aufgeführten Werte wieder.

So betrug der durchschnittliche Rentenzahlbetrag für Altersrenten zum 31.12.2012 (vgl. Deutsche Rentenversicherung 2013b) in:

> Westdeutschland 1.005 € bei Männern und 508 € bei Frauen
> Ostdeutschland 1.073 € bei Männern und 730 € bei Frauen

Konkret bedeutet das *Bei den Frauen werden die geringeren Rentenzahlbeträge durch Zeiten der Kindererziehung über das zweite (Geburten vor 1992) bzw. dritte (Geburten nach 1991) Lebensjahr des Kindes und einer damit verbundenen hinausgehenden Unterbrechung der Erwerbstätigkeit gegenüber den Männern begründet, die auch durch die Anrechnung von Kindererziehungszeiten (KEZ) bzw. Kinderberücksichtigungszeiten (KiBüz) nicht ausgeglichen werden. Häufig sind auch die anschließenden Teilzeitbeschäftigungen und Minijobs (vgl. BMFSFJ 2012) eine Ursache dafür. Der Unterschied in den Renten zwischen den alten und neuen Bundesländern, liegt in den unterschiedlichen Erwerbsbiografien begründet. Die höheren Renten in Ostdeutschland basieren bisher auf längeren Erwerbszeiten, weniger Lücken und einer geringerer Arbeitslosigkeit. Auch hier wird zukünftig eine Angleichung nach unten erfolgen.*

Tab. 1.1 Nettoeinkommen von Ehepaaren und Alleinstehenden

mtl. Nettoeinkommen von … bis unter … [€]		Westdeutschland			Ostdeutschland		
		Ehepaare %	Allein-stehende Männer %	Allein-stehende Frauen %	Ehepaare %	Allein-stehende Männer %	Allein-stehende Frauen %
Unter	750	2	10	15	0	10	9
750	1000	3	13	21	1	18	19
1000	1250	6	16	20	4	23	26
1250	1500	9	18	15	12	22	27
1500	1750	11	14	10	19	14	12
1750	2000	13	9	7	20	7	4
2000	3000	33	13	10	37	4	2
3000	4000	13	4	1	4	1	0
4000	und höher	10	3	1	2	1	0
Zahl der Ehepaare/ Alleinstehenden (hochgerechnet in Tausend)		4167	1596	4130	1046	346	1020

Wesentlich aussagekräftiger, sind die maßgeblichen Nettoeinkommen von Ehepaaren und Alleinsteheden ab 65 Jahre im Jahr 2011 (vgl. BMAS 2013a). Die Abweichungen in Tab. 1.1 zu 100 % sind rundungsbedingt.

   Zu oft wird von den Zahlbeträgen der gesetzlichen Renten auf eine insgesamt prekäre Finanzsituation im Alter geschlossen. Aber die Einkommen ältere Menschen fließen aus unterschiedlichen Quellen. Erst der letztlich verfügbare Nettorahmen, aus allen Einkommensquellen, liefert ein zuverlässiges und differenziertes Mengengerüst.

Konkret bedeutet das *Unter Einbezug des Rentenversicherungsberichtes 2013 (vgl. BMAS 2013b, S. 22), wird neben den zusammengefassten Nettorenten auch der Anteil der gesetzlichen Renten am Nettoeinkommen der Rentner deutlich.*

Durchschnittliches Nettoeinkommen in Ostdeutschland:

- bei Ehepaaren beträgt es 2.510 €/Monat
- bei alleinstehenden Männern beträgt es 1.576 €/Monat
- bei alleinstehenden Frauen beträgt es 1.302 €/Monat

Durchschnittliche Nettoeinkommen in den Westdeutschland:

- bei Ehepaaren beträgt es 2.016 €/Monat
- bei alleinstehenden Männern beträgt es 1.303 €/Monat
- bei alleinstehende Frauen beträgt es 1.219 €/Monat

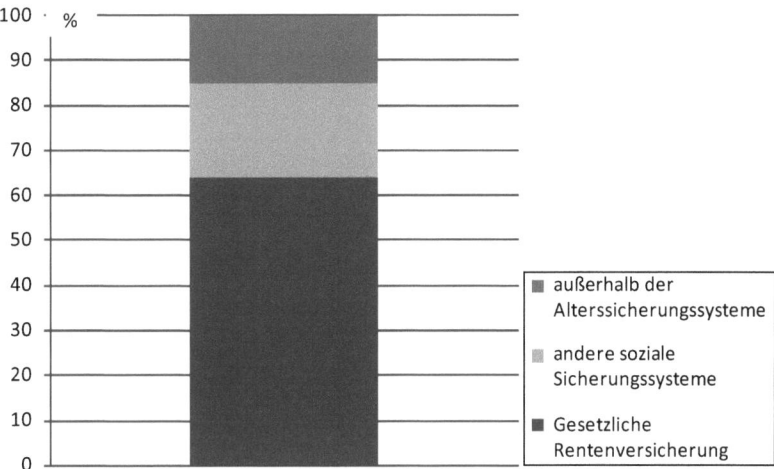

Abb. 1.3 Struktur der Alterseinkünfte

Die Bedeutung der gesetzlichen Versorgung innerhalb der ersten Säule, kann auch durch eine Darstellung der Zusammensetzung der Bruttoeinkommen verdeutlicht werden. Die gesetzliche Rentenversicherung bildet, mit einem Anteil von 64 %, den größten Anteil aller den Seniorenhaushalten zufließenden Einkommen. Die anderen Alterssicherungssysteme erreichen zusammen 21 % am Volumen aller Bruttoeinkommen. Zusammen erreichen die Komponenten außerhalb der Alterssicherungssysteme 15 % (vgl. Abb. 1.3).

In den alten Bundesländern kommt ein größerer Teil des Einkommensvolumens aus Quellen außerhalb der Alterssicherungssysteme. Bei Ehepaaren in Westdeutschland liegt dieser Anteil mit 24 % doppelt so hoch wie in Ostdeutschland mit rund 12 %. Noch größer ist die Differenz bei alleinstehenden Frauen: In Westdeutschland resultieren 13 %, in Ostdeutschland nur rund 5 % der Gesamteinkommen aus zusätzlichen Einkommen (vgl. BMAS 2013b). Wo die Einkommen nicht reichen, kommt eine Grundsicherung im Alter zum Tragen.

Am Jahresende 2012 lebten in Gesamtdeutschland ca. 475.000 Menschen, älter als 65 Jahre, von einer Grundsicherung nach SGB XII (vgl. Statistisches Bundesamt 2013a). Im Vergleich zum Jahr 2011 waren es 6,6 % mehr. Davon betroffen sind vor allem Frauen in Westdeutschland. In Abb. 1.4 werden für den Zeitraum von 2003 bis 2012 die Bezieher von Grundsicherung bei Erwerbsminderung und im Alter zusammenfassend dargestellt. Der Trend ist klar erkennbar.

Dabei sind deutsche Ruheständler seltener von Altersarmut betroffen als die anderer Industrieländer. Nur jeder Zehnte ist aktuell armutsgefährdet. In anderen Ländern, wie den USA, der Schweiz oder Japan, trifft dies auf doppelt so viele Menschen zu. Wegweisend für Deutschland sind dabei die staatlichen Sicherungssysteme und eine frühzeitige Förderung der staatlichen Altersvorsorge. Dennoch: Die Altersarmut wird ansteigen. Das liegt zum Teil im demografischen Wandel aber auch in den veränderten wirtschaftlichen Strukturen begründet. Hinzu kommt vielfach die fehlende Einsicht des Einzelnen, in welcher Form auch immer, zu sparen. Viele Menschen empfinden es als unnütz, obwohl der

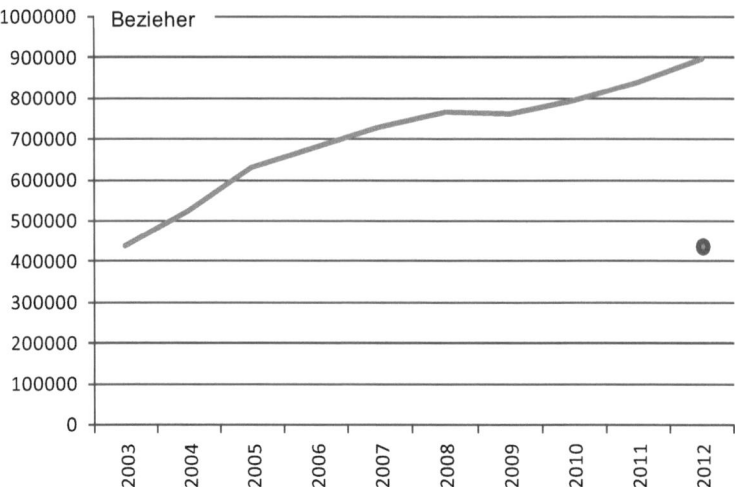

Abb. 1.4 Grundsicherung im Alter und bei Erwerbsminderung. (Quelle: Statistisches Bundesamt, Angaben in absoluten Zahlen)

finanzielle Rahmen dafür oft gegeben ist. Mit dem Zukunftsphänomen Alter ist die Identifikation schwieriger als mit einer möglichen Krankheit. Man könnte auch ketzerisch sagen: „Sparen ist nicht anders als hungern für die Erben."

Fazit

In Deutschland können Arbeitnehmer, die 2012 ins Berufsleben gestartet sind, im Alter mit einer Rente rechnen, die nach Steuern und Abgaben rund 55 % ihres versicherten Einkommens entspricht (vgl. OECD 2013). Heute sind es noch rund 65 %. Die gesetzliche Rentenversicherung ist somit der Sozialversicherungszweig, der für einen zusätzlichen und freiwilligen Vorsorgegedanken am wichtigsten ist. Die Reformen der letzten zehn Jahre zeigen, dass das Rentenniveau sinken wird. Ohne eine Flankierung zur betrieblichen und privaten Altersvorsorge werden zukünftige Rentengenerationen den Lebensstandard aus Erwerbszeiten kaum halten können. Bei einer Versorgungslückenberechnung müssen folglich absehbare Kürzungen und Möglichkeiten der gesetzlichen Rentenversicherung berücksichtigt werden.

1.4 Finanzierung der gesetzlichen Rentenversicherung

1.4.1 Generationsvertrag und Umlageverfahren

Die Finanzierung der gesetzlichen Rentenversicherung wird durch einen fiktiven Vertrag geregelt. Der „Generationenvertrag" ist ein unausgesprochener und schriftlich nicht festgelegter Vertrag zwischen der jungen (beitragszahlenden) und der rentenempfangenden Generation. Er wird durch das Umlageverfahren gewährleistet. Dabei vertraut das Umlageverfahren auf die Stabilität des nationalen Arbeitsmarktes mit seinen sozialversicherungspflichtigen Erwerbseinkommen. Die Finanzierbarkeit durch das Umlageverfahren hat Vorteile, bringt aber auch Nachteile gegenüber einem kapitalgedeckten Verfahren, welches seinerseits auf die Prosperität des weltweiten Kapitalmarktes vertraut („China niest und die Welt bekommt Schnupfen" titelten beispielsweise die Salzburger Nachrichten am 01.03.2007). Heutige Rentner müssen sich auf die Leistungsfähigkeit der beitragszahlenden Generation verlassen. Am Beispiel einer Familie wird das Prinzip schnell deutlich: Der Vater finanziert die Rente des Großvaters. Der Sohn wiederum finanziert die spätere Rente des Vaters. Bereits heute finanziert der Sohn aber die Rente des Vaters und des Großvaters in vielen Fällen. Denn oft befinden sich bereits zwei Genrationen in Rente. Durch die fortwährende Angleichung der Renten an die Lohnentwicklung ist die Finanzierung der Rente unabhängiger gegen zukünftige, inflationäre Einwirkungen. Die Finanzkrise zeigte, dass dieses System robuster ist als ein kapitalgedecktes Verfahren (Versicherungsbranche). Maßgeblich für ein nachhaltiges Funktionieren des Umlageverfahrens, sei die schwierige demografische Entwicklung. Schaut man in Anlage 2 (Entwicklung Beitragszahler zu Rentenempfänger), so ist die Zahl der beitragszahlenden (jungen) Versorgungsgeneration aktuell größer als die Zahl der Rentenempfänger. Die Geburtenzahlen sind allerdings rückläufig. Und damit haben Umlage- wie Kapitaldeckungsverfahren gleichermaßen ein Problem: Die jungen Menschen, die künftig fehlen, um das Umlageverfahren am Laufen zu halten („Umpumpstation"), fehlen auch, um die Rendite für Kapitalanlagen zu erwirtschaften. So kann ein Haus, welches heute gebaut wird, nur dann als Altersvorsorge dienen, wenn es in 40 Jahren auch gebraucht oder von der nachwachsenden Generation gekauft bzw. bewohnt wird. Hausbesitzer in strukturschwachen Gebieten in der Uckermark oder im Sauerland können heute schon ein Klagelied über sinkende Immobilienpreise singen. Ein Blick auf die Daten des Statistischen Bundesamtes zeigt: Je Frau betrug die zusammengefasste Geburtsziffer im Jahr 2012 noch 1,38 Kinder (vgl. Statistisches Bundesamt 2013b). Diese zusammengefasste Geburtenziffer ist seit Ende der 90er Jahre relativ konstant. Zum Vergleich: Im Zeitraum von 1950 bis 1970 lag die Zahl noch bei 2,5 Kindern je Frau. Zukünftig werden die wenigen Kinder ihre Eltern, die sogenannten „Babyboomer" (1955 bis 1969 Geborene), im Ruhestand versorgen müssen. Das kollektive Umlageverfahren steht somit in einem Zielkonflikt.

Das bedeutet: Zusätzliche Beitragsbelastung für Beitragszahler oder verminderte Leistungen auf Empfängerseite.

Konkret *Im Umlageverfahren werden die heute eingezahlten Rentenbeiträge der Versicherten unmittelbar als Renten an die Rentenempfänger „umgelegt". Die folgenden Inhalte und Zahlenwerke basieren auf dem jährlich erstellten Rentenversicherungsbericht, hier aus dem Jahr 2013. Dieser Bericht gibt einen klaren Faktenstand und lässt somit Schlüsse auf eine zukünftige Entwicklung der gRV zu.*

1.4.2 Einnahmen und Ausgaben der gRV

Die zur Erfüllung der Aufgaben der gesetzlichen Rentenversicherung erforderlichen Mittel werden im Wesentlichen durch Beiträge und den Bundeszuschuss aufgebracht (§ 153 Abs. 2 SGB VI). Der überwiegende Anteil der Beiträge entfällt hierbei auf die Beiträge, die aufgrund versicherungspflichtiger Beschäftigung gezahlt werden. Der Kapitalstock in der Rentenkasse ist somit deutlich begrenzt.

Nachhaltigkeitsrücklage *Die sogenannte Nachhaltigkeitsrücklage, früher als Schwankungsreserve bezeichnet, weist die verfügbaren liquiden Mittel aus. Die Höhe der Nachhaltigkeitsrücklage wurde in der Vergangenheit mehrfach abgesenkt. Ende 2012 betrug die Nachhaltigkeitsrücklage noch 29,5 Mrd. €. Der Rentenversicherungsbericht 2013 weist eine Nachhaltigkeitsrücklage in Höhe von 31,0 Mrd. € aus. Das sind etwa 1,75 Monatsausgaben im Jahr 2013. Die Steigerung wird auf die positive wirtschaftliche Entwicklung im Jahr 2013 zurückgeführt. Tab. 1.2 fasst die wesentlichen Werte (Einnahmen/Ausgaben und Nachhaltigkeitsrücklage) zusammen.*

In Tab. 1.2 wird der Zusammenhang zwischen der Nachhaltigkeitsrücklage und dem jeweiligen Beitragssatz sehr deutlich. Zum 01.01.2014 hätte automatisch (§ 154 SGB VI) eine Beitragsabsenkung erfolgen müssen.

Heißt es doch in dieser Vorschrift

> Der Beitragssatz **ist** zum 1. Januar eines Jahres anzupassen, wenn bei Beibehaltung des bisherigen Beitragssatzes die Mittel der Nachhaltigkeitsrücklage am Ende dieses Jahres voraussichtlich den Wert des 0,2-fachen der durchschnittlichen Monatsausgaben zu eigenen Lasten der allgemeinen Rentenversicherung unterschreiten bzw. den Wert des 1,5-fachen dieser Monatsausgaben übersteigen. Ist zum 1. Januar eines Jahres ein neuer Beitragssatz zu bestimmen, so ist dieser in dem Fall, dass ohne Neufestsetzung 0,2 Monatsausgaben unterschritten würden, so weit zu erhöhen, dass am Ende des folgenden Jahres voraussichtlich eine Nachhaltigkeitsrücklage von 0,2 Monatsausgaben verbleibt. In dem anderen Fall, dass die Nachhaltigkeitsrücklage ohne Neufestsetzung 1,5 Monatsausgaben voraussichtlich übersteigen würde, ist der Beitragssatz hingegen so weit abzusenken, dass am Jahresende des folgenden Jahres voraussichtlich eine Nachhaltigkeitsrücklage von 1,5 Monatsausgaben gegeben ist.

Tatsächlich wurde zur Finanzierung der „Mütterrente" per Sondergesetz die eigentlich auf 18,3 % zu erfolgende Beitragssatzsenkung durch die große Koalition aus CDU/CSU und SPD verhindert. Auch die Rentner zahlen die Mütterrente mit, weil der Beitragssatz sich auch auf die Ermittlung des aktuellen Rentenwertes auswirkt (künftige Rentenerhöhungen fallen daher um 0,8 % geringer aus).

Die 0,2-fache Monatsausgabe hieße, dass im Falle eines unerwarteten Ausfalls der Beitragseinnahmen die laufenden Renten nur noch für sechs Tage ausgezahlt werden könnten.

Die Einnahmen der allgemeinen Rentenversicherung, nach Abzug der Erstattungen und internen Ausgleichzahlungen, betrugen im Jahr 2012 insgesamt 260,5 Mrd. €. Einnahmen entfielen im Wesentlichen auf:

Tab. 1.2 Entwicklung der Einnahmen und Ausgaben in der gRV. (Quelle: BMAS 2013b, S. 30)

	2013	2014	2015	2016	2017
erforderlicher Beitragssatz in [%]	18,9	18,3	18,3	18,3	18,3
	Beiträge in Mio. Euro				
Einnahmen					
Beitragseinnahmen insgesamt	192.990	192.278	197.380	202.763	208.368
Allgemeiner und zusätzliche Bundeszuschüsse	59.849	60.222	61.740	63.533	66.484
Erstattung aus öffentlichen Mitteln	700	700	700	700	700
Erstattung in Wanderversicherung von Knrv	220	210	202	197	190
Vermögenserträge	80	74	128	194	176
Sonstige Einnahmen	180	0	0	0	0
Einnahmen insgesamt	254.019	253.484	260.150	267.387	275.918
Ausgaben					
Rentenausgaben	219.074	222.365	229.680	238.491	246.249
Zuschüsse zur Krankenversicherung der Rentner	15.497	15.731	16.247	16.870	17.418
Leistungen zur Teilhabe	5.664	5.811	5.976	6.132	6.293
Erstattung in Wanderversicherung an Knrv*	6371	6596	6807	7063	7288
Wanderungsausgleich	2310	2290	2347	2459	2531
KLG-Leistungen	125	103	79	61	47
Beitragserstattungen	97	97	99	102	104
Verwaltungs- und Verfahrenskosten	3654	3775	3873	3975	4079
Sonstige Ausgaben	75	35	35	35	35
Ausgaben insgesamt	252.867	256.803	265.143	275.188	284.044
Einnahmen − Ausgaben	1152	−3319	−4993	−7801	−8126
Vermögen					
Nachhaltigkeitsrücklage zum Jahresende	31.031	28.024	23.243	15.606	7828
Änderung gegenüber Vorjahr	1563	−3007	−4781	−7637	−7778
Eine Monatsausgabe	17.758	18.104	18.730	19.478	20.026
Nachhaltigkeitsrücklage in Monatsausgaben	1,75	1,55	1,24	0,80	0,39

*knappschaftliche Rentenversicherung

- 193,7 Mrd. € auf Beiträge bzw. Beitragseinnahmen
- 65,6 Mrd. € auf die Zuschüsse des Bundes

Ein Großteil der Beitragseinnahmen, etwa 90 %, wird dabei über die Pflichtbeiträge generiert. Die Ausgaben beliefen sich im Jahr 2012, ohne interne Zahlungsströme auf 255,4 Mrd. €. Von den Ausgaben entfielen im Wesentlichen:

- 229,2 Mrd. € auf Renten
- 16,2 Mrd. € auf Beitragszuschüsse zu Krankenversicherung der Rentner

Die Anrechnung von Kindererziehungszeiten, auf das Jahr 2012 hochgerechnet, machte einen Betrag von 6,4 Mrd. € aus. „Reha statt Rente": Die Ausgaben zur Erhaltung, Besserung und einer Wiederherstellung der Erwerbsfähigkeit (Leistungen zur Teilhabe) sind 2012 gegenüber dem Vorjahr um 3,7 % gestiegen und lagen damit um knapp 13 Mio. € (0,2 %) über dem durch § 220 SGB VI für das Jahr 2012 vorgegebenen Budget. Die Deutsche Rentenversicherung gibt jährlich etwa 5,6 Mrd. € für Rehabilitationsleistungen aus, davon mehr als vier Milliarden Euro für medizinische Rehabilitation.

Eine grafische Übersicht der Einnahmen und Ausgaben enthält die Anlage 3 Einnahmen und Ausgaben der gRV 2012 im Buchanhang. Der Zuschuss des Bundes spielt somit auch in den kommenden Jahren einen wesentlichen Anteil, an den notwendigen Beitragseinnahmen. In der Anlage 3 finden Sie als Diagramm zusammengefasst die Einnahmen und Ausgaben der gRV aus dem Jahr 2012.

1.4.3   Zukünftige Finanzierbarkeit

Die Ausgaben für Rentenzahlungen sind seit 1957 schneller gestiegen als die Beitragseinnahmen. Die Finanzierbarkeit der Rentenzahlungen aus Beiträgen wäre ohne den Bundeszuschuss aktuell nicht denkbar. Einen weiteren oft unterschätzten Aspekt stellen die versicherungsfremden Leistungen dar. Es sind versicherungsfremde Leistungen, denen keine direkten Beitragszahlungen gegenüberstehen oder die zu höheren Rentenanwartschaften führen, als aus den tatsächlich gezahlten Beiträgen entstehen würden. Die sozialpolitische Zielstellung bildet den Rahmen dieser Leistungen. Nicht beitragsgedeckte Leistungen sind dabei:

- West-Ost Transfer innerhalb der gRV
- Höherbewertung von Beitragszeiten (Berufsausbildung)
- Anrechnungszeiten (Schul-, Fachschul- und Hochschulzeiten)
- arbeitsmarktbedingte Leistungen (arbeitsmarktbedingte EM-Renten)
- abschlagsfreie Altersrenten vor Vollendung der Regelaltersgrenze
- Kriegsfolgelasten (Fremdrentenrecht, Ersatzzeiten)

- Familienleistungen (Kindererziehungsleistungen, Höherbewertung von Beitragszeiten während der Kinderziehung)

Zum heutigen Zeitpunkt werden die nicht beitragsgeckten Leistungen der Rentenversicherung durch die Bundeszuschüsse gedeckt. In Zukunft geht man davon aus, dass sich diese Zahlungen ausgleichen werden. Mit dem am 28.12.1999 verabschiedeten Haushaltssanierungsgesetzes (HSanG), hat der Gesetzgeber einen Schritt unternommen, den Beitragssatz der gesetzlichen Rente langfristig zu stabilisieren und nicht über 22 % steigen zu lassen. Der zusätzliche Bundeszuschuss wurde erhöht, indem weitere Stufen der Ökosteuer verwendet wurden. Dieser Erhöhungsbetrag verändert sich jährlich mit der Entwicklung der Bruttolohn- und Gehaltssumme.

Die gRV stellte seit dem Jahr 1891 (Gründung) vor allem für die ältere Bevölkerung eine Minimalversorgung dar. Die Ausgaben waren dabei minimal, da wenige Menschen das Rentenalter von 70 Jahren erreichten. Über die Jahre wuchs bis zum heutigen Tage ein sehr weitreichendes Spektrum an Leistungen. Parallel veränderten sich aber die Rahmenbedingungen zur Finanzierbarkeit. Folgenden Faktoren sind entscheidend:

- Leistungsspektrum der gRV
- Rentenbezugsdauer
- wirtschaftliche Rahmenbedingungen
- demografische Veränderungen

Das Leistungsspektrum der gRV *Der Gesetzgeber hat unmittelbaren Einfluss auf die Art und Höhe der Leistungen. So wurde durch verschiedene Gesetzesänderungen (vgl. Steffen, J. 2014) das Leistungsspektrum der gRV verändert, um eine zukünftige Finanzierbarkeit zu gewährleisten. Beispiele dafür sind: der Wegfall der Berufsunfähigkeitsrente, Wegfall der Renten wegen Arbeitslosigkeit und Altersteilzeit sowie der Rente für Frauen. Weitere Kürzungen folgten dem Altersvermögensgesetz, dem RV-Nachhaltigkeitsgesetz, dem Alterseinkünftegesetz und dem RV-Altersgrenzenanpassungsgesetz.*

Das „Rentenpaket" (www.rentenpaket.de) brachte den Versicherten und Rentenbeziehern mit Wirkung ab 01.07.2014 folgende Verbesserungen:

- Für Kinder, die vor 1992 geboren wurden, eine Anrechnung mit zwei Jahren (bislang ein Jahr) auf die Wartezeit des erziehenden Elternteils („Mütterrente") und die daraus folgende Rentenerhöhung um 28,61 € brutto West bzw. 26,39 € brutto Ost.
- Eine abschlagsfreie Altersrente bei Erfüllung der besonderen Wartezeit von 45 Jahren ab dem 63. Lebensjahr (bisher 65. Lebensjahr), wobei die Altersgrenze beginnend mit dem Geburtsjahrgang 1953 um zwei Monate angehoben wird. Die Geburtsjahrgänge 1964 und jünger können diese Rente folglich erst mit 65 Jahren beanspruchen.
- Eine Ausweitung der Zurechnungszeit bei den Renten wegen Erwerbsminderung statt bis zum 60. nun bis zum 62. Lebensjahr (Wobei es aber bei dem Abschlag von bis zu 10,8 % bei Eintritt der Erwerbsminderung vor dem 63. Lebensjahr verbleibt).

- Eine Erhöhung des „Reha-Deckels", womit die Ausgaben für Leistungen zur Teilhabe (medizinische und berufliche Rehabilitation) begrenzt werden, um 100 Mio. €.

Rentenbezugsdauer *Die durchschnittliche Rentenbezugsdauer ist in den letzten Jahren kontinuierlich gestiegen: Im Jahr 1960 betrug die durchschnittliche Rentenbezugsdauer von Männern noch rund 10 Jahre. Im Jahr 2006 waren es dann bereits 15 Jahre, also 5 Jahre mehr. Bei Frauen ist der entsprechende Wert von 1960 bis 2006 sogar um rund 9 Jahre auf eine durchschnittliche Rentenbezugsdauer von mehr als 19 Jahren gestiegen. Frauen tragen das „Langlebigkeitsrisiko" ohne ausreichend darauf vorbereitet zu sein. Nicht umsonst ist das „Gesicht der Altersarmut" ein weibliches.*

Diese Entwicklung ist in erster Linie auf die wachsende Lebenserwartung zurückzuführen. Die Lebenserwartung wird nach sämtlichen Prognosen bis zum Jahr 2030 um weitere zwei bis drei Jahre steigen. Die Rentenbezugsdauer verschärft somit das Finanzierungsproblem der gRV. Aufgrund der daraus resultierenden Belastungen wurde beschlossen, das Rentenalter schrittweise auf 67 Jahre anzuheben. Man erreicht so eine Umverteilung der zusätzlichen Belastung, sowohl auf das Erwerbsleben als auch den Rentenbezug.

Wirtschaftliche Rahmenbedingungen *Die konjunkturelle Situation am Arbeitsmarkt hat unmittelbaren Einfluss auf das umlagefinanzierte System. Viele Totengräber der Sozialversicherung unken, dass ungünstige Beschäftigungssituationen und hohe Arbeitslosigkeit zu Einnahmeausfällen führen und damit verbundene Finanzierungslücken reißen würden. Diese ließen sich durch zusätzliche Beitragssatzerhöhungen ausgleichen, was wiederum Arbeitnehmer und Arbeitgeber gemeinsam betrifft. Höhere Lohnnebenkosten entstünden. Entlassungen von Arbeitskräften und Einnahmeausfälle seien die Folge. Demgegenüber steht die Ansicht des Soziologen Gerhard Mackenroth, dass die Sozialausgaben einer Volkswirtschaft immer aus dem laufenden Volkseinkommen erbracht werden müssen.* Mackenroth formulierte 1952 seine These:

> Nun gilt der einfache und klare Satz, dass aller Sozialaufwand immer aus dem Volkseinkommen der laufenden Periode gedeckt werden muss. Es gibt gar keine andere Quelle und hat nie eine andere Quelle gegeben, aus der Sozialaufwand fließen könnte, es gibt keine Ansammlung von Periode zu Periode, kein ‚Sparen‘ im privatwirtschaftlichen Sinne, es gibt einfach gar nichts anderes als das laufende Volkseinkommen als Quelle für den Sozialaufwand… Kapitalansammlungsverfahren und Umlageverfahren sind also der Sache nach gar nicht wesentlich verschieden. Volkswirtschaftlich gibt es immer nur ein Umlageverfahren. (vgl. Mackenroth 1952).

Demografische Veränderungen Ein gesundes Verhältnis zwischen Beitragszahlern und Rentenempfänger ist entscheidend. Steigende Lebenserwartungen und rückläufige Geburtenzahlen tragen dazu nicht bei. *Abbildung* 1.5 zeigt die demografische Situation sehr

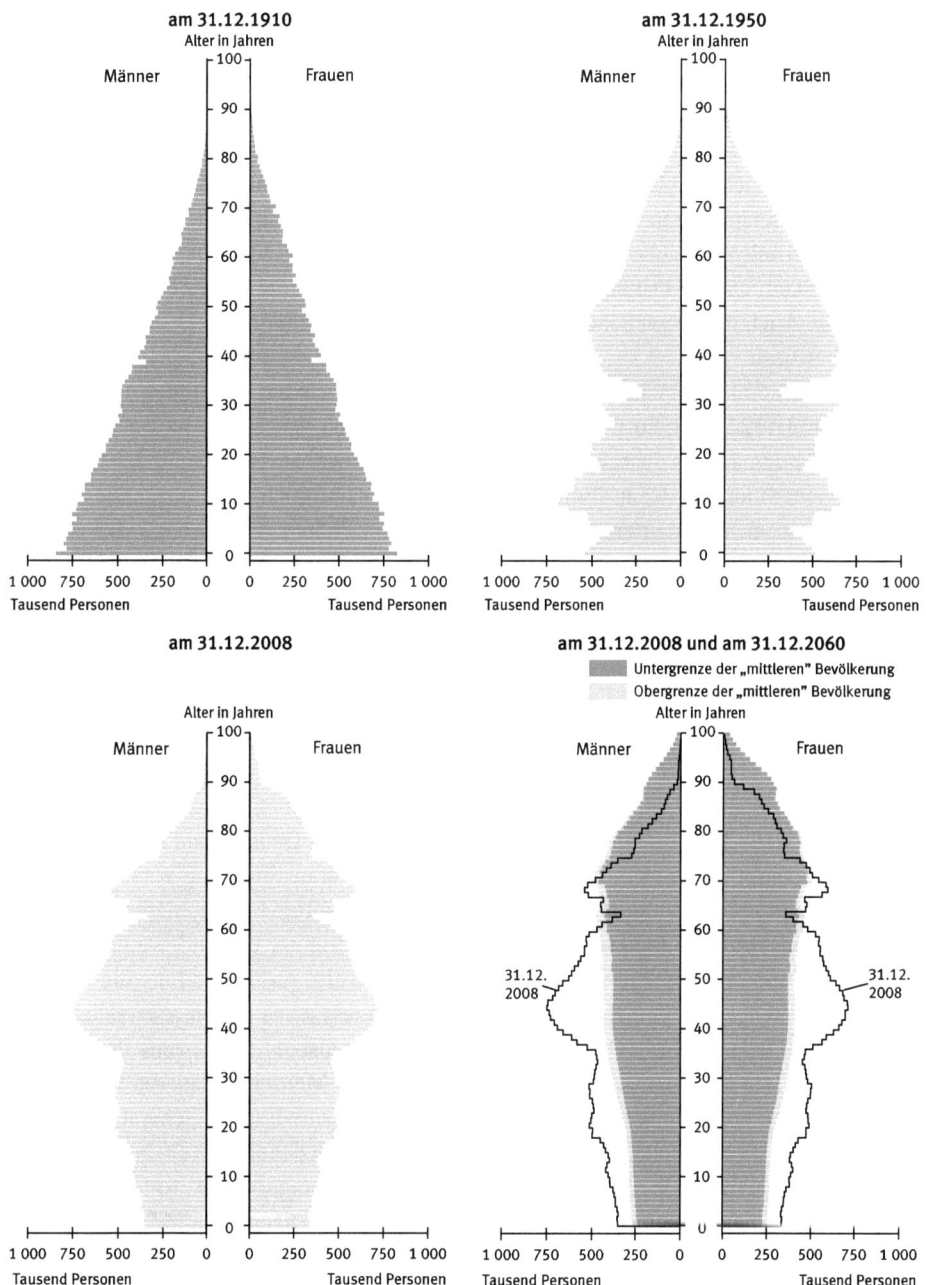

Abb. 1.5 Bevölkerungsstruktur 2008 und 2060. (Quelle: Statistisches Bundesamt (2009))

deutlich. Unsere Gesellschaft besteht heute zu 19 % aus Kindern und jungen Menschen unter 20 Jahren, zu 61 % aus 20- bis unter 65-Jährigen und zu 20 % aus 65-Jährigen und Älteren. Im Jahr 2060 wird bereits jeder Dritte mindestens 65 Jahre alt sein und es werden doppelt so viele 70-Jährige leben, wie Kinder geboren werden. Die beschriebene Entwicklung würde sich im Übrigen auch nicht durch eine umgehend einsetzende Zunahme der Geburtenrate umkehren lassen. Denn die Neugeborenen würden erst in rund 20 Jahren das Erwerbsalter erreichen und somit als Beitragszahler agieren. Sie selbst stellen im Rentenalter dann einen Leistungsanspruch, der durch zukünftige Geburten ausgeglichen sein möchte. Auch die gesetzliche Kranken- und Pflegeversicherung sind sich dieser Problematik bewusst.

Abbildung 1.5 gibt verschiedene Aufschlüsse. Schaut man auf den linken Teil der Abbildung (am 31.12.2008), so werden die Einbrüche durch den Ersten und den Zweiten Weltkrieg bei den älteren Jahrgängen (ca. 60 Jahre) erkennbar. Bei den 30-Jährigen und jüngeren Generationen ist ein ähnlicher dramatischer Einbruch erkennbar. Dieser Einbruch rührt aus dem Geburtenrückgang seit den 70er Jahren. Die Gruppe der 35- bis 55-Jährigen, also derjenigen, die vor dem Pillenknick geboren wurden, ist zahlenmäßig am stärksten vertreten. Gehen wir in das Jahr 2060 (rechter Teil), so ändert sich die Bevölkerungsstruktur deutlich. Die sogenannten „Babyboomer" gehen in den nächsten Jahren vermehrt in Rente. Sie möchten und müssen durch die schwächer besetzten jüngeren Jahrgänge versorgt werden.

Fazit

Die absehbare schwierige demografische Entwicklung in Deutschland ist mittlerweile sehr transparent und wird von allen Beteiligten als Herausforderung verstanden. Die Bevölkerungsentwicklung ist existenziell für das nachhaltige Funktionieren des Umlageverfahrens. Ein Generationsvertrag hat somit zukünftig nur Bestand, wenn die nachfolgenden und erwerbstätigen Generationen idealerweise größer sind als die entsprechende Rentengeneration. Die Probleme des Umlagesystems wären aber selbst dann nicht schlagartig gelöst, wenn jede gebärfähige Frau alsbald mindestens drei Kinder bekommen würde. Genauso wichtig ist es, die jungen Menschen dauerhaft in ein sozialversicherungspflichtiges Beschäftigungsverhältnis zu wissen („Generation Praktikum"). Auch die Versuche, „dem Motor das Benzin zu entziehen" (so Dr. Norbert Blüm über die Auswirkungen der Riester-Rente auf das Umlagesystem; vgl. Schuchardt 2012), mit denen das Vertrauen in die gesetzliche Rentenversicherung systematisch untergraben wird, müssen unterbleiben. Alle bereits erfolgten und zukünftig eingeleiteten Reformen haben dabei das Ziel, die Rentenversicherung dem demografischen Wandel zu wappnen. Das geht jedoch nicht zum Nulltarif. Der Punkt „Zukünftige Finanzierbarkeit" ist weit gefächert. Interessierte erhalten über die Anlage 10 die Möglichkeit, tiefer in dieses und andere Themenfelder einzusteigen. Sie finden in der Anlage eine Übersicht weiterführender Literatur und aussagekräftiger Internetadressen.

Literatur

BMAS. (2013a). Alterssicherung in Deutschland 2011 (ASID 2011). http://www.bmas.de/DE/Service/Publikationen/Forschungsberichte/Forschungsberichte-Rente/fb-431-altersicherung-2011-migrationshintergrund.html. Zugegriffen: 5. Okt. 2014.

BMAS. (2013b). Rentenversicherungsbericht 2013. http://www.bmas.de/DE/Service/Presse/Pressemitteilungen/rentenversicherungsbericht-20-11-2013.html. Zugegriffen: 5. Okt. 2014.

BMFSFJ. (2012). Frauen im Minijob – Motive und (Fehl-)Anreize für die Aufnahme geringfügiger Beschäftigung im Lebenslauf; Studie des Bundesministeriums für Familie, Senioren, Frauen und Jugend. http://www.bmfsfj.de/RedaktionBMFSFJ/Broschuerenstelle/Pdf-Anlagen/Frauen-im-Minijob,property=pdf,bereich=bmfsfj,sprache=de,rwb=true.pdf. Zugegriffen: 5. Okt. 2014.

na Presseportal. (2013). Rheinische Post, 4,2 Millionen Ausländer zahlen in die Rentenkasse. http://www.presseportal.de/pm/30621/2521244/rheinische-post-rund-4-2-millionen-auslaender-zahlen-in-die-rentenkasse. Zugegriffen: 5. Okt. 2014.

Deutsche Rentenversicherung. (2013a). Rentenversicherung in Zahlen 2013, Aktuelle Ergebnisse. Statistik der Deutschen Rentenversicherung. http://www.deutsche-rentenversicherung.de , Schnellzugriff über Fakten und Zahlen im unteren Auswahlfeld. Zugegriffen: 5. Okt. 2014.

Deutsche Rentenversicherung. (2013b). DRV in Zahlen, Verteilung und durchschnittliche Rentenzahlbeiträge laufenden Renten. www.deutsche-rentenversicherung.de. Zugegriffen: 5. Okt. 2014.

Deutsche Rentenversicherung. (2014). Rechtliche Arbeitsanweisung. http://raa.deutsche-rentenversicherung-regional.de/Raa/Raa.do?hl=i.+S.+des+Rechtsdienstleistung&f=SGB6_109R10. Zugegriffen: 5. Okt. 2014.

Mackenroth, G. (1952). Die Reform der Sozialpolitik durch einen deutschen Sozialplan. In *Schriften des Vereins für Socialpolitik* (Bd. 4). Berlin: NF. Zugegriffen: 5. Okt. 2014.

OECD. (2013). Rentenbericht. http://www.oecd.org/berlin/presse/renten-2013.htm. Zugegriffen: 5. Okt. 2014.

Schuchardt, D. (2012). Norbert Blüm: Walter Riester hat die Rentenversicherung ramponiert. www.rentenfernsehen.de vom. Zugegriffen: 5. Okt. 2014.

Statistisches Bundesamt. (2009). Bevölkerung Deutschlands bis 2060, 12. Koordinierte Bevölkerungsvorausberechnung, Begleitmaterial zur Pressekonferenz am 18. November 2009 in Berlin.

Statistisches Bundesamt. (2013a). Zahl der Empfänger von Grundsicherung im Alter 2012 um 6,6 % gestiegen; Pressemitteilung Nr. 356. https://www.destatis.de/DE/PresseService/Presse/Pressemitteilungen/2013/10/PD13_356_221.html. Zugegriffen: 5. Okt. 2014. Zugegriffen: 22. Okt. 2013

Statistisches Bundesamt. (2013b). Geburtenzahl durch demografische Entwicklung vorgezeichnet. https://www.destatis.de/DE/ZahlenFakten/ImFokus/Bevoelkerung/Geburtenzahl.html. Zugegriffen: 5. Okt. 2014.

Steffen, J. (2014). Sozialpolitische Chronik. http://www.portal-sozialpolitik.de/uploads/sopo/pdf/Sozialpolitische-Chronik.pdf. Zugegriffen: 5. Okt. 2014.

2.1 Formen einer Mitgliedschaft

2.1.1 Versicherung kraft Gesetzes

Das Rentenrecht unterscheidet im Wesentlichen folgende drei Personenkreise:

- Versicherungspflichtige Personen kraft Gesetzes bzw. auf Antrag (Arbeitnehmer, Katalog-Selbständige)
- Versicherungsfreie bzw. befreite Personen (Beamte, Ärzte)
- Nicht versicherungspflichtige Personen (Hausfrauen, Selbständige)

Von bzw. für diese Personen werden rentenrechtliche Zeiten wie in Tab. 2.1 dargestellt zurückgelegt.

Beitragszeiten unterteilen sich in Zeiten mit Pflichtbeiträgen und freiwilligen Beiträgen. Zu den Pflichtbeiträgen gehören im Wesentlichen die Pflichtbeiträge aus einem Beschäftigungsverhältnis als Arbeitnehmer oder Auszubildender, aus einer Selbständigkeit eines Katalog-Selbständigen und Kindererziehungszeiten. Zu den freiwilligen Beiträgen zählen die laufend gezahlten freiwilligen Beiträge und die nachgezahlten Beiträge, zum Beispiel wegen Heiratserstattung.

Beitragsfreie Zeiten unterteilen sich in Anrechnungszeiten (bis Ende 1991 als „Ausfallzeiten" bezeichnet), die Zurechnungszeit und in Ersatzzeiten. Für diese rentenrechtlichen Zeiten wurden in der Regel keine Beiträge gezahlt. Zu den Anrechnungszeiten gehören Zeiten der Krankheit, der Schwangerschaft/Mutterschaft, der Arbeitslosigkeit und des Schulbesuchs/Studiums, und andere. Die Zurechnungszeit belegt bei Renten wegen Erwerbsminderung die Zeit vom Tag des Leistungsfalles bis zum 62. Geburtstag. Ersatzzeiten sind Zeiten im Zusammenhang mit dem Zweiten Weltkrieg und dessen

© Springer Fachmedien Wiesbaden 2015
S. Horn, D. R. Schuchardt, *Deutsche Rentenversicherung – Basis der Altersvorsorge*,
DOI 10.1007/978-3-658-06675-8_2

23

Tab. 2.1 Rentenrechtliche Zeiten

Beitragszeiten		Beitragsfreie Zeiten			BÜZ	VAG
Pflichtbei-träge	Freiwillige Beiträge	Anrechnungs-zeiten	Zurech-nungszeiten	Ersatzzeiten		
Arbeitnehmer Selbständiger Kindererzie-hende u. a.	Laufend gezahlt Nachgezahlt	Krankheit Schwangerschaft Arbeitslosigkeit Schule u. a.	Bei Rente wegen EM	II. WK und dessen Folgen	Pflege Kinder	

Folgen und können hier längstens bis 31.12.1991 vorliegen (hier nicht tiefergehend behandelt).

Berücksichtigungszeiten (BÜZ) sind heute im Wesentlichen die beitragsfreie Kinderberücksichtigungszeit bis zum 10. Geburtstag des Kindes (vom 01.01.1992 bis zum 31.03.1995, also vor Leistungsbeginn der sozialen Pflegeversicherung, waren die Zeiten der Pflege lediglich eine BÜZ. Die Zeiten der Pflege seit dem 01.04.1995 sind Pflichtbeitragszeiten).

Zeiten, die man im Rahmen des **Versorgungsausgleichs (VAG)** hinzugewonnen hat, helfen (ohne dass sie zeitlich zugeordnet werden), die Wartezeiten (außer die besondere Wartezeit von 45 Jahren) zu erfüllen.

Um einen Anspruch auf Rente zu erfüllen, muss unter anderem die Wartezeit („Mindestversicherungszeit") erfüllt sein. Für unterschiedliche Rentenarten gibt es unterschiedliche Wartezeiten, auf die aber nicht immer alle rentenrechtlichen Zeiten angerechnet werden (Tab. 2.2)

Tab. 2.2 Anrechnung auf die Wartezeit

5 Jahre	15 Jahre	25 Jahre	35 Jahre	45 Jahre
Allgemeine Wartezeit		(Besonderheiten für die knappschaftliche Rentenversicherung)	Große Wartezeit	Besondere Wartezeit
Regelaltersrente EM-Rente	Altersrente für Frauen, Altersrente wegen Arebitslosigkeit/ Altersteilzeit	Altersrente für langjährig unter Tage beschäftigte Bergleute	Altersrente für langjährig Versicherte, Altersrente für schwerbehinderte Menschen	Altersrente für *besonders* langjährig Versicherte
Beitragszeiten Ersatzzeiten VAG	Beitragszeiten Ersatzzeiten VAG	Nur Zeiten mit ständigen Arbeiten unter Tage	Beitragszeiten Ersatzzeiten Anrechnungs-zeiten BÜZ VAG	Beitragszeiten (ohne AloHi oder Alg II) BÜZ

Die Fragen, die bei jeder Zeit, die für die Rente zählen soll, geprüft werden müssen, lauten:

- Handelt es sich überhaupt um eine rentenrechtliche Zeit (Zeiten als „Nur-Hausfrau" wären beispielsweise keine)?
- Auf welche Wartezeit(en) kann diese anspruchserfüllend angerechnet werden?

Werfen wir zunächst einen Blick auf den versicherten Personenkreis.

Beschäftigte Versicherungspflicht sind (§ 1 SGB VI):

- Personen, welche zu einer Berufsausbildung beschäftigt sind,
- Personen (AN), die gegen ein Arbeitsentgelt beschäftigt sind,
- Minijobs (Beschäftigungsverhältnisse seit dem 01.01.2013),
- Umschüler, Anlernlinge, welche kein Arbeitsentgelt erhalten und bei denen die Ausbildung vordergründig ist,
- Behinderte Menschen, die in anerkannten Werkstätten oder in Blindenwerkstätten gemäß § 143 SGB IX oder für diese Einrichtungen in Heimarbeit beschäftigt sind,
- Mitglieder von Genossenschaften, Diakonissen und Angehörige ähnlicher Gemeinschaften.

Hierunter fallen aufgrund ihres geringen Entgeltes auch:

- Personen, welche ein freiwilliges soziales bzw. ökologisches Jahr absolvieren,
- Personen des Bundesfreiwilligendienstes (Bufdi) leisten.

Nichtselbständige Beschäftigte sind Personen, die ein abhängiges Beschäftigungsverhältnis gegen ein Arbeitsentgelt ausführen. Die Tätigkeit unterliegt somit der Weisung und Eingliederung in den Arbeitsablauf. Die nichtselbständige Arbeit erfolgt in einem Beschäftigungsverhältnis bei einem Arbeitgeber.

Was es für die Rentenhöhe bringt

Bei der Berechnung der späteren Rente kommt es (anders als gelegentlich am Stammtisch behauptet) nicht auf die Höhe der Entgelte der letzten drei Jahre an. Richtig ist: Jedes Beschäftigungsjahr wird für sich abgerechnet und trägt gleichberechtigt zur Höhe der späteren Rente bei. Nur bei Lehrzeiten (betriebliche Ausbildung) gibt es einen Zuschlag, wenn man seine Lehrzeit mit Lehrvertrag und Gesellenbrief/Kaufmannsgehilfenbrief oder ähnlichem gegenüber der Deutschen Rentenversicherung nachweist (sie wird dann im Versicherungsverlauf als „Pflichtbeiträge für Berufsausbildung" markiert).

Die Berechnung folgt dem Muster: „Mein rentenversicherungspflichtiges Entgelt geteilt durch den Durchschnittsverdienst aller Rentenversicherungspflichtigen im gleichen Kalenderjahr" (Durchschnittsentgelt laut Anlage 1 zum SGB VI).

Beispiel

Jahr 1980
Mein Verdienst   29.485 DM
--- = 1,0000 Entgeltpunkt (EP)
Durchschnittsentgelt 29.485 DM

Jahr 2004
Mein Verdienst   14.530 €
--- = 0,5000 Entgeltpunkt (EP)
Durchschnittsentgelt 29.060 €

Jahr 2011
Mein Verdienst   60.000 €   (aber begrenzt auf die Beitragsbemessungsgrenze von 57.600 €)
--- = 1,7944 Entgeltpunkt (EP)
Durchschnittsentgelt 32.100 €

Die Rendite von Pflichtbeiträgen nach § 1 SGB VI ist hoch, weil sich der Arbeitgeber an der Beitragsleistung in der Regel zur Hälfte beteiligt, man als Versicherter also maximal die Hälfte der Beiträge gezahlt hat.

Selbständig Tätige, welche der Versicherungspflichtigin der gRV unterliegen (§ 2 SGB VI)

▶   Auf dem Weg in die (nebenberufliche) Selbständigkeit, sollte man bei der Deutschen Rentenversicherung vorbeischauen. Das Beratungsgespräch macht nicht dümmer. Sollte man im Zweifel sogar verpflichtet sein, Beiträge in die Rentenkasse zu zahlen, hat man sich so viel Ärger mit einer evtl. späteren Nachforderung von aus Unwissenheit nicht gezahlten Rentenversicherungsbeiträgen erspart. Dies gilt insbesondere dann, wenn man gar nicht weiß, ob man Selbständig oder doch Arbeitnehmer ist. Der Fragebogen zur Feststellung Versicherungspflicht für Selbständige in der Rentenversicherung (Vordruck V 023 der Deutschen Rentenversicherung) schafft für einen selbst und potenzielle Auftraggeber Klarheit.

Selbständige, die unter den folgenden „Katalog" (§ 2 SGB VI) fallen, sind verpflichtet, sich selbst innerhalb von drei Monaten nach Aufnahme der selbständigen (Neben-)Tätigkeit zwecks Klärung der Rentenversicherungspflicht bei der Deutschen Rentenversicherung zu melden (§ 190a Abs. 1 SGB VI). Einzige Ausnahme: Selbständige Handwerker. Mit der Eintragung in die Handwerksrolle erfolgt automatisch eine Meldung an die DRV.

Beitragszahlungpflicht wird für rentenversicherungspflichtige Selbständige nur ausgelöst, wenn der Gewinn (nicht der Umsatz) aus der selbständigen Tätigkeit über 5400 €
im Jahr (450 € im Monat) lag. Sollten sich diese Personen mit ihren Einkünften der Grenze nähern, können sie durch geeignete Geschäftsausgaben (zum Beispiel für Computer-
hard- und Software, Fachliteratur, Fahrtkosten etc.) ihren Gewinn reduzieren. Beziehen
sie schon eine Vollrente wegen Alters, so üben sie ihre Selbständigkeit rentenversiche-
rungsfrei aus.

Rentenversicherungspflichtig sind folgende „Katalog-Selbständige" (V 020):

- Lehrer und Erzieher, die im Zusammenhang mit ihrer selbständigen Tätigkeit regelmäßig keinen versicherungspflichtigen Arbeitnehmer beschäftigen. Als „Lehrer" gilt
  hier jeder, der in irgendeiner Form sein Wissen weitergibt und „Spuren im Gedächtnis"
  hinterlässt. Auf ein Studium oder eine sonstige Qualifikation kommt es hier nicht an.
  Vielfach sind sich viele VHS-Kursleiter, Teamer von Gewerkschaftsseminaren, Do-
  zenten und Referenten ihrer Rentenversicherungspflicht nicht bewusst (obwohl diese
  Regelung schon seit über 100 Jahren besteht).

  ▶ Selbständige „Lehrer" oder Tagesmütter/-väter („Erzieher") sollten die Frage ihrer
  möglichen Rentenversicherungspflicht im Beratungsgespräch mit der DRV unbedingt
  klären. Vorsätzlich zurückgehaltene Rentenversicherungsbeiträge können bis zu 30 Jahren zurückgefordert werden. Üblicherweise fordert die DRV „nur" die Beiträge für die
  letzten vier Kalenderjahre zurück.

- Pflegepersonen, die in der Kranken-, Wochen-, Säuglings- oder Kinderpflege tätig sind
  und im Zusammenhang mit ihrer selbständigen Tätigkeit regelmäßig keinen versiche-
  rungspflichtigen Arbeitnehmer beschäftigen,
- Hebammen und Entbindungspfleger,
- Seelotsen der Reviere im Sinne des Gesetzes über das Seelotswesen,
- Künstler und Publizisten nach näherer Bestimmung des Künstlersozialversicherungs-
  gesetzes,
- Hausgewerbetreibende,
- Küstenschiffer und Küstenfischer, die zur Besatzung ihres Fahrzeugs gehören oder
  als Küstenfischer ohne Fahrzeug fischen und regelmäßig nicht mehr als vier versicherungspflichtige Arbeitnehmer beschäftigen,
- Handwerker, die in die Handwerksrolle eingetragen sind und in ihrer Person die für
  die Eintragung in die Handwerksrolle erforderlichen Voraussetzungen erfüllen, wobei
  Handwerksbetriebe im Sinne der §§ 2 und 3 der HwO sowie Betriebsfortführungen
  aufgrund von § 4 der HwO außer Betracht bleiben; ist eine Personengesellschaft in
  die Handwerksrolle eingetragen, gilt als Gewerbetreibender, wer als Gesellschafter in
  seiner Person die Voraussetzungen für die Eintragung in die Handwerksrolle erfüllt (für
  Handwerker gibt es den speziellen Vordruck V 010 der DRV),
- Personen, die im Zusammenhang mit ihrer selbständigen Tätigkeit regelmäßig keinen
  versicherungspflichtigen Arbeitnehmer beschäftigen (Arbeitsentgelt übersteigt 450 €

im Monat) und auf Dauer und im Wesentlichen nur für einen Auftraggeber tätig sind (arbeitnehmerähnliche Selbständige).

▶   „Katalog-Selbständige" gehören unmittelbar zum förderberechtigten Perso-
    nenkreis für die Riester-Rente.

Was es für die Rentenhöhe bringt
Die Höhe der Rendite ist (vorschnell allein betrachtet auf den reinen Kapitaleinsatz) geringer als bei einem Arbeitnehmer, weil Selbständige die Beiträge allein schultern müssen.

Beispiel

Bäckermeister Paul Nordmann hatte im Kalenderjahr 2014 einen Gewinn von 75.000 €
Er zahlt den Regelbeitrag (hierfür ist der Nachweis des tatsächlichen Gewinns gegenüber der DRV nicht erforderlich) von monatlich 522,59 € (Jahresbeitrag 6.271,08 €).

Der Jahresbeitrag entspricht einem Bruttoverdienst von 33.180 €, wodurch sich
0,9519 EP und somit eine monatliche Bruttorente von 27,23 € (West) ergibt. Das eingesetzte Kapital wäre nach 231 Monaten wieder raus. Hierbei sind Verlust durch nicht
erwirtschaftete Guthabenzinsen und Inflation, Kranken- und Pflegeversicherungsbeiträge und eine eventuelle Steuerbelastung nicht berücksichtigt.

Wenn man den Aufwand für die Rentenversicherungsbeträge den Renditechancen auf dem
Versicherungs- oder Kapitalmarkt gegenüber stellt, hat das System gesetzliche Rentenversicherung auf den ersten schnellen Blick „verloren". Aber: Gerade selbständige Handwerker können auf der als Arbeitnehmer geschaffene Basis aufbauen, die außerhalb des
gesetzlichen Zwangssystems erst einmal geschaffen werden müsste. Außerdem ist der
Beitrag zur Rentenversicherung kein reiner Sparbeitrag für das Alter, sondern gleichsam
Risikobeitrag für den Fall der Erwerbsminderung (Reha-Leistungen und Rentenzahlung)
und den Fall des Todes (Witwen-/Witwerrenten, Halb-/Vollwaisenrenten). Darüber hinaus
sind die Beiträge zur gesetzlichen Rentenversicherung insolvenzsicher.

Sonstige Versicherte
Versicherungspflichtig sind Personen (unter bestimmten Voraussetzungen)

- bei denen Kindererziehungszeiten anzurechnen sind,
- für die eine nicht erwerbsmäßige Pflege, mindestens 14 Stunden wöchentlich, in häus-
  licher Umgebung erbracht wird (der Pflegebedürftige hat Anspruch auf gesetzliche/
  private Pflegeleistung),
- des Wehr-/Zivildienstes (freiwilliger Wehrdienst, BFD),
- für die ein Leistungsträger Krankengeld, Verletztengeld, Versorgungskrankengeld,
  Übergangsgeld, Arbeitslosengeld oder Vorruhestandsgeld entrichtet wird.

Bezieher von ALG II sind seit dem 01.01.2011 nicht mehr gRV pflichtversichert!

§ 3 SGB VI (Sonstige Versicherte) erfasst somit bestimmte Personengruppen, die nicht unmittelbar in einem Beschäftigungsverhältnis stehen. Auch bei Ihnen gibt es Besonderheiten, die näher erläutert werden sollen.

Personen, denen Kindererziehungszeiten (KEZ) anzurechnen sind
Kindererziehungszeiten (KEZ) werden „im Normalfall" der Mutter zugeordnet, wenn die Erziehung in Deutschland erfolgt ist. Nach der Erweiterung um die sogenannte „Mütterrente" umfasst die KEZ bei

- Geburten seit dem 01.01.1992: 36 Kalendermonate Pflichtbeitragszeit
- Geburten vor dem 01.01.1992: 24 Kalendermonate Pflichtbeitragszeit

Mehrlingsgeburten verlängern den Zeitraum entsprechend (zum Beispiel Zwillinge: 2×24 Kalendermonate $= 48$ Monate, Drillinge: $3 \times 36 = 108$ Monate). Zusätzlich gibt es für die Monate der gleichzeitigen Erziehung mehrerer Kinder nach 1991 im Rahmen der Rentenberechnung unter bestimmten Voraussetzungen (unter anderem müssen 25 Jahre an rentenrechtlichen Zeiten vorliegen) einen kleinen Zuschlag.

► **Achtung Väter** Wenn statt der Mutter der Vater (einen Teil der) Kindererziehungszeiten angerechnet bekommen soll (zum Beispiel für die Zeit für die der Vater Elterngeld erhalten hat), so müssen die Eltern neben dem „Antrag auf Feststellung von Kindererziehungszeiten/Berücksichtigungszeiten wegen Kindererziehung" (Vordruck V 800 der Deutschen Rentenversicherung) auch eine „Gemeinsame Erklärung" (Vordruck V 820) abgeben. Achtung: Die „gemeinsame Erklärung" kann maximal für zwei Monate rückwirkend abgegeben werden! Daher sollten Väter bei der Planung ihrer Elternzeit auch immer das Thema Rentenversicherung nicht aus dem Auge verlieren! Wer will sich als Vater bei seinem späteren Rentenantrag schon darüber ärgern, dass er nicht abschlagsfrei mit 65 Jahren in eine Altersrente gehen kann, weil ihm wegen eines „Wickelpraktikums" von zwei Monaten eine Lücke entstanden ist?! Wer es als Vater geschickt anstellen will, sollte mindestens einen Tag im Monat rentenversicherungspflichtig arbeiten. Beispiel: Elternzeit vom 2. August bis zum 29. September ist keine Lücke im Rentenkonto (teilweise belegte Monate gelten stets als volle Monate). Bei einer Elternzeit vom 1. August bis zum 29. September wäre der August für die Wartezeit verloren, sofern keine „Gemeinsame Erklärung" abgegeben wurde.

Was es für die Rente bringt
Für jedes Jahr, für welches Kindererziehungszeiten im Versicherungsverlauf vermerkt werden, gibt es rund einen Entgeltpunkt. So ist also das Kind vor 1992 derzeit 57,22 € brutto (West) bzw. 52,78 € brutto (Ost) und das Kind nach 1992 $= 85,83$ € brutto (West) bzw. 79,17 € brutto (Ost) für die Mutter wert.

Aber keine Mutter bringt ihr Kind wegen der späteren Rentenansprüche zur Welt und auch die „Mütterrente" hat die Ungerechtigkeiten bei Geburten vor bzw. nach 1992 nicht beseitigt (von der Ost-West-Ungerechtigkeit mal ganz zu schweigen).

Nicht erwerbsmäßig tägige Pflegepersonen
Der MDK (Medizinische Dienst der Krankenkassen) fragt im Rahmen seiner Begutachtung auch danach, welche Person(en) die ehrenamtliche Pflege des Pflegebedürftigen in der Privatwohnung übernimmt bzw. übernehmen. Die Pflegeperson wird ihrerseits durch die Übernahme der ehrenamtlichen Pflege rentenversicherungspflichtig (insofern ist kein „Antrag" nötig), sofern sie noch keine Vollrente wegen Alters bezieht (pflegt also die Altersvollrentnerin den Altersvollrentner, erhöht sie ihre Altersrente hierdurch nicht mehr). Voraussetzung für die Rentenversicherungspflicht ist, dass die Pflegeperson mindestens 14 Stunden in der Woche pflegt (Achtung: Die Pflegestufe I wird bereits ab einem Pflegeaufwand für den Pflegebedürftigen von zwölf Stunden in der Woche vergeben, führt aber dann nicht zur Rentenversicherungspflicht der Pflegeperson). Teilen sich zwei Geschwister die Pflege der Mutter in Pflegestufe I mit jeweils sieben Stunden, so wird keines der Geschwister rentenversicherungspflichtig.

Der Pflegebedürftige erhält von seiner Pflegeversicherung je nach festgestellter Pflegestufe das ihm zustehende Pflegegeld. Dieses darf er in dieser Höhe an die Pflegeperson weitergeben. Zahlt er mehr, so ist die Pflegeperson nicht mehr nach § 3 Nr. 1a SGB VI, sondern nach § 1 SGB VI als Arbeitnehmer/in rentenversicherungspflichtig.

Neben der ehrenamtlichen Pflege darf die Pflegeperson nicht mehr als 30 Stunden in der Woche beschäftigt bzw. selbständig tätig sein.

Einmal im Jahr erhalten Pflegepersonen einen Rentenversicherungsnachweis über das abgelaufene Kalenderjahr für ihre Unterlagen. Sollte dieser bis spätestens Mai nicht vorliegen, sollte man bei zunächst bei der Pflegekasse nachfragen.

▶   Weitere Informationen rund um die Pflege und die Möglichkeit, diesbezüglich die Arbeitszeit zu reduzieren finden Pflegepersonen auf der Seite www.familien-pflege-zeit.de

Was es für die Rente bringt, ist in Tab. 2.3 dargestellt.

Tab. 2.3 Monatliche Entgelte für Pflegezeiten ab dem 1. Juli 2014

Pflegegeld von der Pflegekasse	Pflegegeld von der Pflegekasse (€)	Wöchentliche Pflege (Stunden)	mtl. Beitrag (€)	= mtl. Entgelt (€)	= mtl. Anwartschaft für ein Jahr Pflege (€)
I	235,00	min. 14	139,36	737,33	7,26
II	440,00	min. 14	185,81	983,11	9,68
		min. 21	278,71	1474,67	14,52
III	700,00	min. 14	209,03	1106,00	10,89
		min. 21	313,55	1659,00	16,34
		min. 28	418,07	2212,00	21,79

Wehr-/Zivildienstleistende

Seit dem 01.07.2011 wurde mit dem „Gesetz zur Änderung wehrrechtlicher Vorschriften 2011" die allgemeine Wehrpflicht ausgesetzt, jedoch nicht grundsätzlich aufgehoben. Mit der Aussetzung können Männer wie Frauen den freiwilligen, sechsmonatigen Wehrdienst antreten. Dabei werden die sechs Monate sozialversicherungsrechtlich dem einstigen Wehrdienst gleichgestellt. Die entsprechenden Personen unterliegen somit der Versicherungspflicht, auch bei Verlängerung der sechsmonatigen Probezeit um weitere 17 Monate. Der Zeitraum für den Zivildienst betrug ab 01.12.2010 sechs Monate. Eine Verlängerung von drei bis sechs Monaten war möglich. Mit Aussetzung des gesetzlichen Zivildienstes wurde der Bundesfreiwilligendienst eingeführt.

Seit dem 01.07.2011 haben Männer wie Frauen die Möglichkeit, den Bundesfreiwilligendienst zu nutzen. Der sechs bis maximal 18 Monate andauernde Einsatz kann im ökologischen, kulturellen, sportlichen, integrativen Bereichen sowie im Zivil- oder Katastrophenschutz erfolgen. Leisten Personen das gesetzlich geregelte freiwillige soziale oder ökologische Jahr ab sind diese, wie im Bundesfreiwilligendienst, versicherungspflichtig.

Die Zeiten des Grundwehrdienstes/Zivildienstes, freiwilligen Wehrdienstes oder Bundesfreiwilligendienstes werden automatisch der DRV gemeldet. Hierüber erhält man eine Bescheinigung (Wehrdienstzeitbescheinigung bzw. Zivildienstbescheinigung).

Was es für die Rente bringt Erfreulicherweise erhalten Grundwehrdienstleistende und Zivildienstleistende für ihre abgeleistete Dienstzeit mehr als sie seinerzeit als Salär erhalten haben. Allerdings hat der Gesetzgeber den Wert im Laufe der Jahre abgesenkt (von anfänglich 1,0000 EP zu schlussendlich 60 % der jeweiligen Bezugsgröße). Welcher Wert der Dienst für „Gott und Vaterland" rententechnisch wert ist, kann man denn Berechnungsanlagen zum Rentenbescheid (bzw. der Rentenauskunft mit Berechnungsanlagen) entnehmen.

Bezieher von bestimmten Entgeltersatzleistungen sind versicherungspflichtig unter Einhaltung zweier Bedingungen:

- Eine tatsächliche Zahlung und Bezug der Leistung ist erforderlich. Hierbei handelt es sich um: Krankengeld, Verletztengeld, Versorgungskrankengeld, Übergangsgeld, Arbeitslosengeld (nicht Arbeitslosengeld II). Achtung: Für privat krankenversicherte Personen greifen die Regelungen des § 4 SGB VI (nachfolgend näher behandelt). Bis zum 31.12.2004 gehörten auch Arbeitslosenhilfe und Unterhaltsgeld in den Bereich. Der Erbringer der Leistung muss ein Träger der Sozialversicherung nach dem SGB I sein. Also: Krankenkassen, Berufsgenossenschaften, Rentenversicherungsträger, Bundesagentur für Arbeit (der Bezug von Elterngeld, Erziehungsgeld oder Kindergeld führt nicht zur Rentenversicherungspflichtig; dies wird allein durch den Tatbestand „Erziehung" und nicht durch Zahlung von Sozialleistungen ausgelöst).

- Der Leistungsempfänger war im letzten Jahr vor Leistungsbeginn, unmittelbar vor Beginn der Sozialleistung, rentenversicherungspflichtig. Dabei kann das Vorliegen eines einzigen Pflichtbeitrages ausreichend sein. Versicherungspflicht liegt nicht vor, wenn zwischen dem letzten Pflichtbeitrag im Jahr vor dem Leistungsbeginn und dem Leistungsbeginn Versicherungsfreiheit vorlag. Diesen Sachverhalt gilt es immer in Einzelfall genau zu prüfen.

Nach Ende des Leistungsbezuges sollte der Leistungsträger eine Bescheinigung über die automatisch erfolgte Meldung an die Rentenversicherung ausgestellt haben. Wichtig für die eigenen Unterlagen ist stets der Leistungsnachweis (= es wurde gezahlt) und nicht etwa der Bewilligungsbescheid (= es wird beabsichtigt zu zahlen).

Was es für die Rente bringt
Der Wert für die spätere Rente hat sich im Laufe der Jahre verschlechtert. Die Bandbreite reicht von 80 % der Bezugsgröße bis zur Höhe der gezahlten Sozialleistung als Beitragsberechnungsgrundlage. Aber keine Angst: Auch wenn der Bezug beispielsweise von Krankengeld weniger Rente bringt, macht sie andererseits den Kohl nicht fett. Schließlich ist die Höhe der späteren Rente nicht von der kurzzeitigen Krankengeldzahlung abhängig, sondern ein Spiegelbild des gesamten versicherten Rentenversicherungslebens.

Bezieher von Vorruhestandsgeld sind versicherungspflichtig, wenn unmittelbar vor dem Vorruhestandsgeldbeginn Versicherungspflicht bestand. Unmittelbar bedeutet, dass zwischen dem Ende einer versicherungspflichtigen Beschäftigung und dem Vorruhestandsgeldbeginn kein voller, freier Kalendermonat liegen darf.

- Das Vorruhestandsgeld ist dabei als tatsächliche, regelmäßige und laufende Geldleistung zu gewähren.
- Es ist bis zum frühestmöglichen Beginn einer Altersrente zu zahlen.

Erst wenn beide Punkte erfüllt werden, ist Versicherungspflicht gegeben.

Versicherungspflicht (VP) auf Antrag (§ 4 SGB VI)
Die Versicherungspflicht auf Antrag bietet unterschiedlichen nicht versicherungspflichtigen Personengruppen die Möglichkeit zur Versicherungspflicht. So können Personen, die eine selbständige Tätigkeit in der Bundesrepublik Deutschland ausführen und nicht als „Katalog-Selbständige" nach § 2 SGB VI rentenversicherungspflichtig sind, einen Antrag auf Versicherungspflicht stellen. Versicherungspflicht bedeutet, dass man mit allen Rechten und Pflichten einem „Katalog-Selbständigen" gleichgestellt ist. Dies bedeutet insbesondere, dass die Versicherungs- und die damit einhergehende Beitragspflicht erst bei dauerhafter Aufgabe einer Selbständigkeit beendet ist. Wer nur die Art der Selbständigkeit wechselt (Versicherungsvertreter zu Gastwirt), ist weiterhin rentenversicherungspflichtig.

Als „dauerhafte Aufgabe einer Selbständigkeit" ist ein Zeitraum der tatsächlichen nicht-selbständigen Tätigkeit von mindestens drei Kalendermonaten anzusehen. Doch die Versicherungspflicht auf Antrag verpflichtet nicht nur zur Beitragszahlung, sondern bietet auch entsprechende Vorteile:

- Die gezahlten Beiträge sind **Pflichtbeiträge**. Viele Renten- und Reha-Leistungen kann man nur beanspruchen, wenn man in einer Rahmenfrist Pflichtbeiträge gezahlt hat (zum Beispiel für eine Rente wegen Erwerbsminderung müssen in den letzten fünf Jahren mindestens 36 Monate mit Pflichtbeiträgen nachgewiesen werden).
- Die gezahlten Beiträge können nicht erstattet werden. So sind sie zum einem **insolvenzsicher,** aber auch vor der eigenen Versuchung geschützt, in schlechten wirtschaftlichen Zeiten die Rücklage für die Wechselfälle des Lebens (Erwerbsminderung, Alter und Tod) anzugreifen.
- Wer als Selbständiger Pflichtbeiträge in die Rentenversicherung zahlt, gehört unmittelbar zum berechtigten Personenkreis für die **Riester-Rente**.

Der Antrag auf Versicherungspflicht muss innerhalb eines Zeitraumes von fünf Jahren nach Aufnahme der Selbständigkeit gestellt werden. Es ist auch möglich, die Beantragung unmittelbar am Ende einer vorausgehenden Versicherungspflicht anzuschließen. Der Beginn der Versicherungspflicht ist der Eingang des Antrages beim Rentenversicherungsträger, jedoch frühestens der Tag der Aufnahme der Selbständigkeit.

▶   Für (künftig) Selbständige ist die Versicherungspflicht auf Antrag eine Alternative zum Angebot der Versicherungsbranche. Dies gilt insbesondere für die Absicherung im Fall der Erwerbsminderung. Anders als bei der privaten Versicherungswirtschaft schließt die DRV keinen Antragsteller aus oder erhebt Risikozuschläge, weil er Vorerkrankungen hat.

   Idealerweise fahren Selbständige zweigleisig: Mit der Zahlung von Pflichtbeiträgen in die gesetzliche Rentenversicherung für die Grundabsicherung (auch für den Fall der Insolvenz) und einer individuellen Absicherung mit Versicherungsprodukten. Wer aber schon Monat für Monat das Geld für die gesetzliche Rentenversicherung nicht aufbringen (und daneben ja auch Beiträge für den Fall der Krankheit zahlen) kann, muss sich einen kritischen Blick auf sein Geschäftskonzept gefallen lassen. Wer meint, dass er statt der Versicherungspflicht auf Antrag kostengünstiger freiwillige Beiträge zahlen kann (vgl. § 7 SGB VI), kann böse auf die Nase fallen: Gerade der für Selbständige so wichtige Schutz für den Fall der Erwerbsminderung kann durch die Zahlung von freiwilligen Beiträgen nicht mehr erreicht werden (Ausnahmen für ältere Versicherung nach Übergangsrecht).

Weitere Personen, für die eine Versicherungspflicht auf Antrag in Einzelfällen in Frage kommt:

- Entwicklungshelfer (Entwicklungshelfersgesetz maßgebend)
- Personen für die Dauer einer Beschäftigung im Ausland,
- Entgeltersatzleistungsbezieher und Personen ohne Krankengeldanspruch

Sonderfall privat krankenversicherte Personen

„Auf Antrag versicherungspflichtig sind Personen, die nur deshalb keinen Anspruch auf Krankengeld haben, weil sie nicht in der gesetzlichen Krankenversicherung oder in der gesetzlichen Krankenversicherung ohne Anspruch auf Krankengeld versichert sind, für die Zeit der Arbeitsunfähigkeit oder der Ausführung von Leistungen zur medizinischen Rehabilitation oder zur Teilhabe am Arbeitsleben, wenn sie im letzten Jahr vor Beginn der Arbeitsunfähigkeit oder der Ausführung von Leistungen zur medizinischen Rehabilitation oder zur Teilhabe am Arbeitsleben zuletzt versicherungspflichtig waren, längstens jedoch für 18 Monate" (§ 4 Abs. 3 SGB VI: Versicherungspflicht auf Antrag).

▶ Wer privat oder freiwillig gesetzlich ohne Anspruch auf Krankengeld krankenversichert ist und von seiner privaten Krankenversicherung Krankengeld erhält oder an einer Leistung zur medizinischen Rehabilitation teilnimmt, ist deswegen nicht (!) rentenversicherungspflichtig. Deshalb sollte dieser Personenkreis unbedingt einen Antrag auf Versicherungspflicht nach § 4 Abs. 3 Nr. 2 SGB VI (Vordruck V 030) stellen.

▶ Ein Beantrag ist nicht möglich, wenn die Versicherungsfreiheit oder Befreiung durch die Zugehörigkeit zu einer anderweitigen Absicherung gleichgestellt ist (§ 6 Abs. 1 Satz 1 Nr. 1). Das gilt beispielsweise bei der Mitgliedschaft in einer öffentlich-rechtlichen Versorgungseinrichtung, berufsständischer Versorgungseinrichtung oder Kammer.

Versicherungsfreiheit (§ 5 SGB VI) Nachfolgende Personen sind versicherungsfrei:

- Beamte, Richter auf Lebenszeit, auf Zeit oder Probe, Berufssoldaten, Soldaten auf Zeit sowie Beamte auf Widerruf im Vorbereitungsdienst,
- sonstige Beschäftigte von Körperschaften, Anstalten oder Stiftungen des öffentlichen Rechts, deren Verbänden, wenn ihnen nach beamtenrechtlichen Vorschriften/Grundsätzen oder kirchenrechtlichen Regelungen eine Anwartschaft auf Versorgung bei verminderter Erwerbsfähigkeit, auf Hinterbliebenenversorgung und im Alter erbracht wird,
- satzungsmäßige Mitglieder geistlicher Genossenschaften, Diakonissen und Angehörige ähnlicher Gemeinschaften bei Anspruch auf Versorgung bei verminderter Erwerbsfähigkeit und im Alter,

- Personen, welche eine geringfügige Beschäftigung, eine geringfügige selbständige Tätigkeit oder eine geringfügige nicht erwerbsmäßige Pflege ausüben, die **vor dem 01.01.2013** aufgenommen wurde und ein monatliches Einkommen von 400 € nicht übersteigt. Übersteigt das Entgelt eines Minijobbers, dessen Arbeitsverhältnis vor dem 01.01.2013 aufgenommen wurde, die Entgeltgrenze von 400 €, so ist der Minijobber automatisch rentenversicherungspflichtig (Minijobs, die erst nach dem 31.12.2012 aufgenommen wurden, sind rentenversicherungspflichtig nach § 1 SGB VI). Es besteht aber für „alte" und „neue" Minijobber die Möglichkeit, sich von der Rentenversicherungspflicht befreien zu lassen (in der Regel nicht zu empfehlen; mehr dazu unter § 6 SGB VI).
- Studierende während der Absolvierung eines im Studium vorgesehenen Praktikums (Studienordnung oder Prüfungsordnung maßgeblich),
- Bezieher einer Vollrente wegen Alters, einer Versorgung nach beamtenrechtlichen Vorschriften oder Grundsätzen, kirchenrechtlichen Regelungen oder nach berufsständischen Regelungen,
- Personen, die bis zum Erreichen der Regelaltersrente nicht versichert waren.

Die Versicherungsfreiheit bezieht sich in der Regel auf die jeweilige Art der Beschäftigung oder Tätigkeit. So ist beispielsweise ein Finanzbeamter, der nebenbei noch als Fahrlehrer arbeitet, deswegen ganz normal rentenversicherungspflichtig (nach § 1 oder § 2 SGB VI).

Beenden versicherungsfreie Personen ihr Beschäftigungsverhältnis, so sind sie in der gesetzlichen Rentenversicherung nachversichert (siehe § 8 SGB VI).

Befreiung von der Versicherungspflicht (§ 6 SGB VI)
In den vorausgehenden Ausführungen wurde bereits bei den entsprechenden Personengruppen darauf eingegangen. Die nachfolgende Übersicht fasst alle Gruppen ganzheitlich zusammen.

Nachfolgende Personen können sich befreien lassen:

- Mitglieder berufsständischer Kammern (zum Beispiel Ärzte, Apotheker, Architekten), wenn nach näherer Maßgabe der Satzung einkommensbezogene Beiträge unter Berücksichtigung der Beitragsbemessungsgrenze zu entrichten sind, aus den Beiträgen ergeben sich Leistungen für den Fall der verminderter Erwerbsfähigkeit, für die Hinterbliebenen und im Alter.
- Lehrer und Erzieher, die an nicht öffentlichen Schulen beschäftigt sind; nach beamtenrechtlichen Grundsätzen und kirchlichen Regelungen wird eine Anwartschaft auf Versorgung bei verminderter Erwerbsfähigkeit, für die Hinterbliebenen und im Alter sichergestellt.
- nichtdeutsche Besatzungsmitglieder deutscher Seeschiffe, die den gewöhnlichen Wohnsitz außerhalb des europäischen Union haben,
- selbständige Handwerker und Bezirksschornsteinfegermeister (für Bezirksschornsteinfegermeister existiert die Befreiungsmöglichkeit seit dem 01.01.2013), wenn für sie

mindestens 18 Jahre lang Pflichtbeiträge entrichtet wurden (bis 1991 erfolgte die Befreiung automatisch).

▶ Der Befreiungsantrag sollte erst gestellt werden, wenn für den bis dahin gewährten Schutz der gesetzlichen Rentenversicherung ein adäquater Ersatz gefunden wurde. Gerade jüngere Handwerker verlieren den Schutz im Fall der Erwerbsminderung zu leicht aus den Augen. Da dieser durch freiwillige Beiträge meist nicht mehr aufrechterhalten werden kann, bliebe nur eine private BU-Versicherung als Alternative, die aber wegen ihrer bekannten Tücken (Stichwort: fehlerhafte Angabe von Vorerkrankungen im Antrag; Leistungsausschlüsse) nicht immer die bessere Alternative zur gesetzlichen Rentenversicherung sein muss.

Selbständige mit einem Auftraggeber („Scheinselbständige") nach § 2 Satz 1 Nr. 9 SGB VI
- für den Zeitraum von drei Jahren nach erstmaliger Aufnahme einer selbständigen Tätigkeit bzw.
- nach Vollendung des 58. Lebensjahres, wenn sie nach einer zuvor ausgeübten Tätigkeit erstmals durch ihre arbeitnehmerähnliche Tätigkeit versicherungspflichtig werden

Minijobber (geringfügig beschäftigt), deren Beschäftigungsverhältnis nach dem 01.01.2013 begann, haben die Möglichkeit sich befreien zu lassen (sogenanntes „Opting-out"). Hiervon ist regelmäßig abzuraten. Gerade Schüler, Studenten und Nur-Hausfrauen können heute noch nicht absehen, ob diese Mini-Beiträge aus dem Mini-Job nicht später eine sehr große Wirkung erzielen, wenn es darum geht, Wartezeiten (= Mindestversicherungszeiten) zu prüfen (wichtig für Reha-Leistungen, abschlagsfreie Altersrenten etc.). Einzig Bezieher einer Rente wegen Erwerbsminderung und Kindererziehende bis zum 10. Geburtstag des Kindes können das Opting-out gefahrlos nutzen, weil die Zahlung von Pflichtbeiträgen „für später" keinen spürbaren Vorteil bringt (Erwerbsminderungsrentner profitieren bei der sich unmittelbar anschließenden Altersrente vom „Besitzschutz" des § 88 SGB VI; Kindererziehende profitieren bis zum 10. Geburtstag von den Kinderberücksichtigungszeiten. Nach dem 10. Geburtstag sollten Kindererziehende idealerweise eine Beschäftigung über der Minijobgrenze ausüben oder ein neues Minijob-Arbeitsverhältnis *ohne* Verzicht auf die Rentenversicherungspflicht eingehen).

2.1.2   Freiwillige Versicherung (§ 7 SGB VI)

Eine freiwillige Mitgliedschaft in der gRV kann sich durchaus lohnen. Auch hier entscheidet immer eine individuelle Betrachtung der jeweiligen Situation. So erhalten bestimmte Personengruppen (zum Beispiel Hausfrauen, Selbständige, Beamte) die Möglichkeit, einen Anspruch auf Rente zu erwerben und/oder die spätere Rente zu erhöhen. Vor der Zahlung von freiwilligen Beiträgen sollte aber auch geprüft werden, ob sich das beabsichtigte Ziel nicht besser und kostengünstiger durch einen Minijob (ohne Verzicht auf die Rentenversicherungspflicht) oder als Pflegeperson erreichen lässt. Wer nicht (mehr) rentenversicherungspflichtig ist, kann in der Regel freiwillige Beiträge zahlen.

Mit Vollendung des 16. Lebensjahres können sich Personen freiwillig versichern (§ 7 Abs. 1 Satz 1 SGB VI). Voraussetzung ist, dass die Personen in der Bundesrepublik Deutschland leben (§ 30 Abs. 3 SGB I), unabhängig von der Staatsangehörigkeit. Somit wird auch Ausländern, die in Deutschland ihren Wohnsitz haben, ein Zugang ermöglicht. Aber auch Deutsche im Ausland sind berechtigt, freiwillige Rentenbeiträge zu entrichten (Für Ausländer im Ausland kann sich das Recht zur freiwilligen Versicherung in Deutschland aufgrund eines Sozialversicherungsabkommens oder aufgrund des Rechts der Europäischen Union ergeben). Bekommt eine Person bereits eine volle Altersrente, ist eine freiwillige Beitragszahlung ausgeschlossen. Ebenso können Personen die bereits der Versicherungspflicht (hierzu zählen auch Minijobber ab 2013) unterliegen, sich nicht noch (zusätzlich) freiwillig versichern. Die sogenannte Möglichkeit der Höherversicherung ist Ende 1991 ausgelaufen.

Anders verhält es sich bei einer Altersteilrente oder Erwerbsminderungsrente. Erfolgt hier die freiwillige Beitragszahlung, werden die Beiträge nicht für den aktuellen, sondern erst bei einem weiteren bzw. kommenden Rentenanspruch berücksichtigt (lohnt sich in der Regel aber nicht). Eine Versicherungspflicht in anderen Sozialversicherungszweigen (Krankenversicherung, Arbeitslosenversicherung etc.) schließt die Versicherungsberechtigung nicht aus.

Die freiwillige Versicherung „lohnt" sich nur dann, wenn hierdurch

- ein bestehender Anspruch auf Rente wegen Erwerbsminderung aufrechterhalten werden kann (ältere Selbständige),
- eine Wartezeit erfüllt werden kann, die anderweitig (Minijob, Pflege etc.) nicht mehr erfüllt werden wird (zum Beispiel Beamte, die die Mindestversicherungszeit von fünf Jahren vor der Berufung in das Beamtenverhältnis nicht erreicht haben). Mit freiwilligen Beiträgen kann auch (sofern insgesamt 18 Jahre mit Pflichtbeiträgen vorhanden sind) die Wartezeit von 45 Jahren für die Altersrente für besonders langjährig Versicherte erfüllt werden.

Wer besser die Finger von der freiwilligen Versicherung lassen sollte:

- Personen, die „riestern" wollen, aber nicht zum berechtigten Personenkreis gehören und auch durch das „Huckepack-Verfahren" (Ehegatte ist förderberechtigt) nicht dazu kommen.
- Personen, die sich eine hohe Rendite allein für das eingesetzte Kapital erhoffen.

Betrachtet man mit einem Mikroskop isoliert nur die Rendite des eingezahlten freiwilligen Beitrags, so fällt diese ernüchternd aus:

Zwölf freiwillige Mindestbeiträge à 85,05 € = 1.020,60 €. Hieraus ergeben sich „nur" 0,1229 Entgeltpunkte (EP), die derzeit 3,52 € brutto (vor Abzug von Kranken- und Pflegeversicherung, ohne steuerliche Betrachtung). Demzufolge müsste die Rente über 290 Monate bezogen werden, um das eingesetzte Kapital zurückzuerhalten. Dabei ist der Verlust von entgangenem Guthabenzins und Inflation noch gar nicht berücksichtigt.

Jedoch *„Wer bei der Rente nur auf die Rendite schaut, schaut in die falsche Richtung". Die eingezahlten freiwilligen Beiträge helfen, eine Wartezeit (= Mindestversicherungszeit von 5,15 oder 35 Jahre) zu erfüllen, die man ohne die freiwilligen Beiträgen gar nicht oder nicht so schnell erfüllt hätte.* „Entscheidend ist also, was hinten rauskommt". Das gilt insbesondere für das Gesamtbild, an dem die Zahlung von freiwilligen Beiträgen mitwirkt.

Aufrechterhaltung des Erwerbsminderungsschutzes

Befragt man freiwillig Versicherte, warum sie überhaupt freiwillige Beiträge in die Rentenversicherung zahlen, so nennen die meisten die Aufrechterhaltung des Versicherungsschutzes im Fall der Erwerbsminderung. Leider handeln viele im falschen Glauben, denn nicht jeder kann mit freiwilligen Beiträgen den Versicherungsschutz tatsächlich aufrechterhalten.

▶ Wenn Versicherte schon laufend freiwillige Beiträge zahlen, so sollten sie sich von der Deutschen Rentenversicherung **schriftlich** bestätigen lassen, dass sie hierdurch ihren EM-Schutz aufrechterhalten (sie sollten einfach fragen, ob die Voraussetzungen des § 241 SGB VI durch die Zahlung von freiwilligen Beiträgen in ihrem konkreten Fall aufrechterhalten werden können).
Wenn Sie noch keine laufenden Beiträge zahlen, schreiben Sie Ihre „Motivation" (Aufrechterhaltung des EM-Schutzes bzw. Erfüllung welcher Wartezeit) handschriftlich mit auf den Antrag auf Beitragszahlung für eine freiwillige Versicherung (Vordruck V 060 der Deutschen Rentenversicherung). Zum einem prüft der Sachbearbeiter, ob Sie keinem Motivirrtum unterliegen, zum anderen eröffnet diese Hinweis den Weg in den „sozialrechtlichen Herstellungsanspruch", bei dem Sie bei Fehlmotivation wegen Falschberatung auch noch nach Jahrzehnten wenigstens Ihre freiwilligen Beiträge zurückerhalten.
Ein kleine Gruppe von Versicherten, die mindestens 18 Jahre mit Pflichtbeiträgen nachweisen können, können mit freiwilligen Beiträgen auch die besondere Wartezeit von 45 Jahren erfüllen. Auch hier sollte man sich vorher von der Deutschen Rentenversicherung bescheinigen lassen, dass man zu den Glücklichen gehört.

Mit freiwilligen Beiträgen kann nur der Schutz im Fall der Erwerbsminderung aufrechterhalten werden, wenn:

1. die allgemeine Wartezeit (= 60 Monate mit Beiträgen) am 31.12.1983 bereits erfüllt war (Unterstellt man einen Eintritt in das Erwerbsleben mit 16 Jahren zum 01.08.1979, so können Versicherte, die 1963 und jünger geboren sind, diese Voraussetzung nicht mehr erfüllen. Für sie scheidet also die Möglichkeit, freiwillige Beiträge zum Zweck der Aufrechterhaltung des Schutzes im Fall der Erwerbsminderung aus) und
2. lückenlose Belegung mit „Anwartschaftszeiten" ab 01.01.1984. Hierzu zählen alle rentenrechtlichen Zeiten (für DDR-Bürger reicht es bis 31.01.1991 aus, dass sie im Beitrittsgebiet gewohnt haben).

▶ Freiwillig Versicherte sollten der Deutschen Rentenversicherung immer eine Lastschriftermächtigung erteilen, damit die lückenlose Belegung weiterhin gewährleistet ist. Freiwillig an die DRV gezahlte Beiträge können auch in wirtschaftlich schlechten Zeiten nicht zurückgefordert werden und sind somit insolvenzsicher.

Was es für die Rente bringt *Siehe Beitragszahlung für Selbständige.*

2.1.3 Selbständige ohne obligatorische Rentenversicherung

Hinweis *Der folgende Leitfaden dient nur Ihrem Verständnis. Im Übrigen wird auf das Beratungsverbot des Gesetzes über die außergerichtliche Rechtsdienstleistungen (RDG) verwiesen.*

Selbständige Personen, die nicht rentenversicherungspflichtig („Katalog-Selbständige" des § 2 SGB VI) sind (zum Beispiel Gastwirte oder Berufsbetreuer), oder als selbständige Handwerksmeister von der Möglichkeit der Befreiung von der Rentenversicherungspflicht wegen Erreichen des 218 Monats mit Pflichtbeiträgen Gebrauch machen wollen, haben die im Folgenden dargestellten drei Möglichkeiten, ihr Rentenversicherungsleben zu gestalten.

1. Möglichkeit: Antragspflichtversicherung

Selbständige außerhalb des Katalogs des § 2 SGB VI (inklusive. der von der Rentenversicherungspflicht befreiten selbständigen Handwerker), können einen Antrag auf Versicherungspflicht als selbständig Tätige(r) stellen (Vordruck V 020). Bei der Beitragsgestaltung wählen diese zwischen (Tab. 2.4)

• Regelbeitrag
• Halber Regelbeitrag
• Einkommensgerechter Beitrag

Tab. 2.4 Beiträge bei Antragspflichtversicherung

	mtl. Beitrag (€)	Jährlicher Beitrag (€)	Entsprechen einem Gewinn von		Erhalten Entgeltpunkte	Und erbringen an Rentenanwartschaften	
			mtl. (€)	Jährlich (€)	Von (EP)	mtl.	jährlich
						Brutto (€)	Brutto (€)
Regelbeitrag	522,59	6271,02	2765,00	33.180,00	0,9519	27,23	326,76
Halber Regelbeitrag	261,29	3135,51	1382,50	16.590,00	0,4759	13,62	163,44
Einkommensgerecht	189,00	2268,00	z. B. 1000,00	z. B. 12.000,00	0,3443	9,85	118,20

- **Regelbeitrag:** Um den Regelbeitrag zahlen zu können, müssen die Versicherten keinerlei Nachweise über die Höhe ihres tatsächlichen Gewinns aus selbständiger Tätigkeit erbringen (= Pauschalbeitrag).
- **Halber Regelbeitrag:** Den halben Regelbeitrag können die Versicherten allerdings nur im Jahr der Aufnahme der selbständigen Tätigkeit und der sich anschließenden drei Kalenderjahre zahlen (zum Beispiel 2014 und dann bis 31.12.2017). Danach können diese nur den Regelbeitrag oder den einkommensgerechten Beitrag zahlen.
- **Einkommensgerechter Beitrag:** Den einkommensgerechten Beitrag können die Selbständigen jederzeit zahlen. Um den einkommensgerechten Beitrag zahlen zu dürfen, müssen diese den jeweils aktuellsten Einkommensteuerbescheid (unverzüglich) vorlegen. Bis nach der Gründung der erste Einkommensteuerbescheid mit Ihren Einnahmen aus selbständiger Tätigkeit erlassen ist, reicht eine gewissenhafte Selbsteinschätzung bzw. eine Bescheinigung des Steuerberaters über den voraussichtlichen Gewinn aus

Tab. 2.5 Beurteilung der Pflichtbeitragszahlung

Vorteil	Nachteil
Pflichtbeiträge zählen auf alle Wartezeiten mit	Beendigung nur bei dauerhafter Aufgabe einer selbständigen Tätigkeit
Wer in den letzten fünf Jahren 36 Monate mit Pflichtbeiträgen nachweist, hat einen versicherungsrechtlichen Anspruch auf eine Rente wegen Erwerbsminderung	Beitragsgestaltung nur im engen Korridor zwischen Regelbeitrag (halber Regelbeitrag) oder einkommensgerechter Beitrag
Wer in den letzten zwei Jahren 6 Monate mit Pflichtbeiträgen nachweist, hat einen versicherungsrechtlichen Anspruch auf eine Leistungen zur medizinischen Reha („Kur")	
Pflichtbeiträge helfen, die Wartezeit von 45 Jahren zu erfüllen	
Pflichtversicherte gehören zum förderberechtigten Personenkreis für die Riester-Rente	

selbständiger Tätigkeit aus (Die Diskrepanz zwischen den geschätzten Einkünften und den tatsächlichen Gewinn sollte nicht zu groß sein).

Sinkt der Gewinn aus selbständiger Tätigkeit auf unter 5400 € (monatlich 450 €), so sind Versicherten geringfügig Selbständig. Sie zahlen keine Beiträge. Dies gefährdet aber unter Umständen den Schutz im Fall der Erwerbsminderung und die Erfüllung von Wartezeiten (Tab. 2.5).

2. Möglichkeit: Freiwillige Versicherung

Freiwillige Beiträge sind nur dann wirklich sinnvoll, wenn mit ihnen ein bestehender Anspruch auf eine Rente wegen Erwerbsminderung aufrechterhalten werden kann. Hierzu müssen zwei Voraussetzungen erfüllt sein:

- Erfüllung der allgemeinen Wartezeit (= 60 Monate mit Beiträgen und Kindererziehungszeiten) am 31.12.1983 und
- lückenlose Belegung mit rentenrechtlichen Zeiten seit dem 01.01.1984 bis laufend.

Aufgrund der Stichtagsvoraussetzung bezogen auf den 31.12.1983 scheidet die freiwillige Versicherung für jüngere Versicherte, die 1963 und später geboren sind, faktisch aus. Die Personengruppe kann durch freiwillige Versicherung keinen Versicherungsschutz im Fall der Erwerbsminderung aufrechterhalten (Bedenke: Ein Viertel eines Jahrgangs scheidet wegen Erwerbsminderung vorzeitig aus dem Erwerbsleben aus).

Der freiwillige Mindestbeitrag liegt aktuell bei monatlich 85,05 €. Der Höchstbeitrag liegt aktuell bei monatlich 1124,55 €. Freiwillig Versicherte können jeden Betrag zwischen dem Mindest- und Höchstbeitrag wählen, diesen monatlich ändern und die freiwillige Beitragszahlung jederzeit unterbrechen bzw. beenden (Achtung: Der Versicherungsschutz greift u. a. nur bei einer lückenlosen Belegung seit 01.01.1984; siehe oben).

Die daraus resultierende Rentenhöhe hängt von der gewählten Beitragshöhe ab. Ein Jahr freiwillige Mindestbeiträge à 85,05 € (= 1020,60 € im Jahr) erhöhen die spätere Rente um derzeit monatlich 4,36 € (Tab. 2.6)

▶   Wenn Ihre Kunden glauben, dass sie mit freiwilligen Beiträgen den Versicherungsschutz im Fall der Erwerbsminderung aufrechterhalten können (§ 241 SGB VI), so sollten sie sich dies schriftlich von der Deutschen Rentenversicherung vor der Zahlung der freiwilligen Beiträge separat bescheinigen lassen.

Tab. 2.6 Beurteilung freiwillige Beitragszahlung

Vorteil	Nachteil
Kann jederzeit beendet werden	Für Versicherte 1963 und jünger ohne Absicherung im Fall der Erwerbsminderung
Beiträge können zwischen Mindest- und Höchstbeiträgen selbst bestimmt werden	Ein Monat Lücke in der Zeit seit dem 01.01.1984 beendet den Versicherungsschutz im Fall der Erwerbsminderung
Helfen, die Wartezeit von 35 Jahren zu erfüllen (Altersrente für schwerbehinderte Menschen, Altersrente für langjährig Versicherte)	Anspruch auf Reha nur bei erfüllter Wartezeit von 15 Jahren (weitere Zugangsvoraussetzungen müssen erfüllt werden)
	Freiwillig Versicherte gehören nicht direkt zum förderberechtigten Personenkreis für die Riester-Rente (ggfls. indirekt über Ehegatte)
	Freiwillige Beiträge zählen nur dann mit auf die besondere Wartezeit von 45 Jahren, wenn man 18 Jahre mit Pflichtbeiträgen nachweisen kann

3. Möglichkeit: Private Versicherung

Prüfen Sie als Berater im Sinne des Kunden eine Absicherung durch Kapital- und Versicherungsprodukte, die mindestens oder besser mehr als das Leistungsspektrum der gesetzlichen Rentenversicherung bieten. Besonders die Absicherung für den Fall der Berufsunfähigkeit muss für den Kunden „wasserdicht" sein, und nicht wegen der (angeblich) vergessenen Angaben von Vorerkrankungen im Antrag auf dem Spiel stehen.

Erkenntnis

Die wegweisende Begleitung von Selbständigen bedarf nicht nur eines guten Fachwissens, sondern auch einer Absicherung gegen die Wechselfälle des Lebens (Alter, Erwerbsminderung und Tod). Gesetzliche Rentenversicherung und die privaten Versicherungen bzw. Geldanlagemöglichkeiten bieten systembedingte Vor- und Nachteile. Die Kunden sollten sich zunächst persönlich in einer Beratungsstelle der Deutschen Rentenversicherung über die gesetzlichen Ansprüche informieren. Ein Antrag auf Kontenklärung mit einer **Rentenauskunft** (nicht Renteninformation) ist eine gute Planungsgrundlage.

Die beste Strategie ist, die Selbständigkeit zunächst im Nebenerwerb auszuüben. So bleibt dem Selbständigen zumindest am Anfang der Versicherungsschutz, den sie/er als Arbeitnehmer(in) genießen. Wenn diese(r) mutig (aber nicht kopflos) in die volle Selbständigkeit geht, sollte diese(r) idealerweise eine (Mindest-)Absicherung in der gesetzlichen Rentenversicherung und eine sinnvolle ergänzende private Absicherung mit einem kompetenten Berater an der Seite haben.

Die Verantwortung für die Themen Versicherung, Altersvorsorge und Geldanlage kann man nicht an Versicherungsvertreter delegieren. Wenn sich der Kunde nicht darum kümmert, dann tut es kein anderer in seinem Sinne. Der Versicherungsvertreter kann und sollte aber (fernab vom eigenen Provisionsinteresse) ein guter Begleiter mit einem passenden Produktportfolio sein.

> Altersvorsorge ist nichts anderes als ein Zwiegespräch mit seinem zukünftigen Ich.

2.2   Nachversicherung (§ 8 SGB VI)

Eine Nachversicherung führt bei einer bislang versicherungsfreien Person (ehemalige Beamte, Zeitsoldaten, etc.) zu einer nachträglichen Gleichstellung mit den versicherungspflichtigen Personen. Die Ursache liegt in den vorausgehenden Versorgungsanwartschaften, welche die Leistungen bei Erwerbsminderung, Tod sowie im Alter zunächst sicherten. Durch den Verlust einer entsprechenden Anwartschaft kommt es folglich zu einer versicherungsfreien Zeit in der gRV. Hier greifen die Nachversicherung und damit der Schutzgedanke für eine Versorgung der einzelnen Person. Es kommt zur Versicherungspflicht. Kurz gesagt, ist es über die Nachversicherung möglich, Rentenansprüche in Höhe und Zugang (rentenrechtliche Zeiten) zu korrigieren.

Was es für die Rentenhöhe bringt

Die nachversicherte Person steht sich bezüglich der späteren Rentenhöhe immer schlechter als ein laufend rentenversicherungspflichtig Beschäftigter. Der Grund liegt in der Bruttobezogenheit der Beitragsbemessung. So lassen sich sehr gut am Beispiel von Lehrern die unterschiedlichen Auswirkungen nachvollziehen. Für die exakt gleiche Tätigkeit als Lehrer erhält der Beamte weniger Brutto-, aber mehr Nettogehalt (Steuerpflicht, aber keine Belastung durch Abgaben zur Sozialversicherung). Der angestellte Lehrer erhält brutto mehr, hat aber netto weniger (Steuern und Sozialabgaben). Aufgrund der unterschiedlichen Versorgungssysteme hat der angestellte Lehrer nach exakt der gleichen Dienstzeit wie sein beamteter Kollege netto weniger Alterseinkünfte. Scheidet der beamtete Lehrer aber aus dem Beamtenverhältnis aus und wird nachversichert, so erhält er aufgrund seines niedrigeren Bruttogehalts weniger Rente als sein laufend rentenversicherungspflichtiger Kollege. Daher sollten Beamte möglichst „keine goldenen Löffel klauen" oder schnellstmöglich auf eigenen Wunsch ausscheiden, wenn sie keine Nachteile im Alter haben wollen.

Fazit

Damit schließt sich der Punkt „Versicherter Personenkreis". Sie können jetzt nicht nur Arbeitnehmer, sondern auch andere Personengruppen eindeutig zuordnen und sind über die Möglichkeiten der Mitgliedschaft, Befreiung und Freiheit bestens im Bilde.

Rentenklarheit auf Kundenseite schaffen

3

Das Gesetz über die außergerichtlichen Rechtsdienstleistungen (RDG) verbietet zwar die Rechtsberatung durch von Versicherungsvertreter und Finanzdienstleister auf dem Gebiet des Rentenversicherungsrechts, gegen eine „Anleitung" ist aber nichts einzuwenden.

Schaffen Sie sich zunächst selbst ein Netzwerk, in dem Sie Ihrem Kunden den kompetenten Ansprechpartner benennen können. Hierzu gehören:

1. Mitarbeiter aus dem Bereich Auskunft und Beratung der Deutschen Rentenversicherung
2. Steuerberater (bei Fragen zum Alterseinkünftegesetz)
3. Arzt (wichtig bei Renten wegen Erwerbsminderung und Leistungen zur Rehabilitation)
4. Fachanwalt für Sozialrecht oder niedergelassener Rentenberater (für Streitfälle)

Folgen Sie bei der Anleitung Ihres Kunden dem Schema in Abb. 3.1.

► Die Klärung der Rentenansprüche ist Sache des Kunden. Sie können ihm gern zur Seite stehen, sollten aber keinesfalls aktiv in das Verfahren mit der Behörde eingreifen. Nutzen Sie daher keinesfalls ihren Briefkopf für die Kommunikation mit dem Kunden und lassen sich keine Vollmachten auf Ihren Namen ausstellen (würde unter Umständen zu einer formellen Rückweisung als Bevollmächtigter nach § 13 SGB X führen).

© Springer Fachmedien Wiesbaden 2015
S. Horn, D. R. Schuchardt, *Deutsche Rentenversicherung – Basis der Altersvorsorge*,
DOI 10.1007/978-3-658-06675-8_3

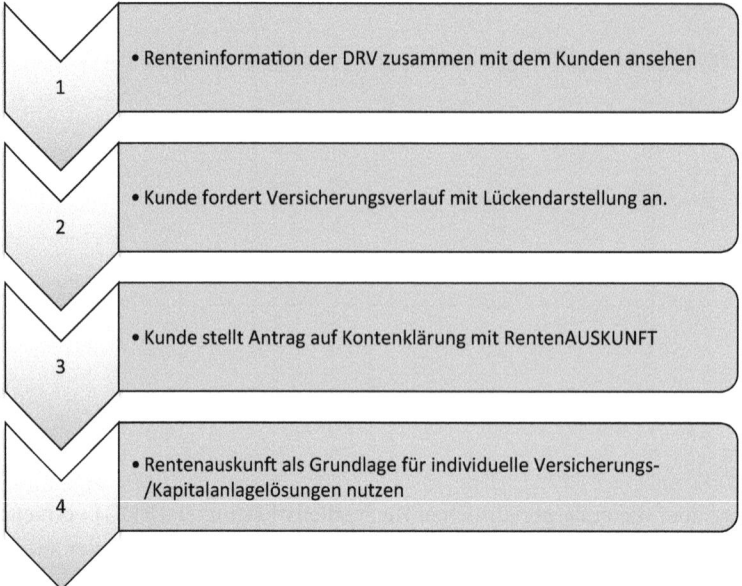

Abb. 3.1 Rentenklarheit Schritt für Schritt

3.1   Renteninformation

Lange bevor man in Rente geht, erhält man (automatisch oder nach einem Kontenklärungsverfahren) unterschiedliche Informationsbriefe. Sie werden als „Renteninformation" oder „Rentenauskunft" (ohne Angabe der Rentenhöhe: „Wartezeitauskunft") bezeichnet. Sie klingen ähnlich, sind jedoch unterschiedlich in ihrem Informationsgehalt.

Die Renteninformation wird jedes Jahr verschickt, sofern man mindestens 27 Jahre alt ist und die allgemeine Wartezeit von fünf Jahren (= 60 Monate) erfüllt hat. Beim erstmaligen Versenden der Renteninformation ist auch ein Versicherungsverlauf (= quasi der „Kontoauszug" über die gespeicherten rentenrechtlichen Zeiten) beigefügt. Die Renteninformation wird ab dem 55. Lebensjahr alle drei Jahre durch die Rentenauskunft ersetzt.

Die Renteninformation enthält Aussagen über die heutige Höhe der Rente wegen voller Erwerbsminderung (weniger als drei Stunden am Tag arbeitsfähig), den Stand der heutigen Regelaltersrente (ohne künftige Einzahlungen) und eine hochgerechnete Regelaltersrente auf die Regelaltersgrenze (65 plus X Jahre).

Alle berechneten Beträge sind brutto dargestellt. In der Regel müssen gesetzlich Krankenversicherte noch ihre Anteile zur Kranken- und Pflegeversicherung abziehen (freiwillig oder privat Krankenversicherte erhalten einen Zuschuss zur Kranken-, nicht aber zur Pflegeversicherung).

Fehlen bei Müttern Aussagen über die Höhe der Rente wegen Erwerbsminderung und ist das Kind noch keine zehn Jahre alt, so sind die Kindererziehungszeiten (KEZ) und die

Kinderberücksichtigungszeiten (KiBüz) noch nicht gespeichert. Falls noch nicht geschehen, sollte ein Antrag auf Kontenklärung gestellt werden.

Rentenauskunft
Bis 55 Jahre muss keiner warten, bis er eine Rentenauskunft erhält. Sie kann jederzeit beantragt werden. Neben denselben Informationen wie in der alljährlichen Renteninformation enthält die Rentenauskunft noch folgende weitergehende Aussagen:

- Welche Wartezeiten sind bereits erfüllt?
- Welche Wartezeiten können überhaupt noch erfüllt werden?
- Wie hoch sind Witwen-/Witwerrente und Halb-/Vollwaisenrente vor Einkommensanrechnung?

Renteninformationen und Rentenauskünfte, die bis Mai eines Jahres erstellt worden sind, erhalten vielfach das vorherige Kalenderjahr noch nicht, weil die Jahresmeldungen zur Sozialversicherung über Arbeitgeber und Einzugsstelle noch auf dem Weg in die Computer der Deutschen Rentenversicherung sind.

▶ Renteninformation und Rentenauskunft sind nur so gut wie die Daten, die den Briefen zugrundeliegen. Versicherte sollten daher alle zehn Jahre einen „Antrag auf Kontenklärung" stellen (der nächste „runde Geburtstag" ist zum Beispiel ein willkommener Anlass für den prüfenden Blick ins Rentenkonto). Mit der alljährlichen Renteninformation entsteht für alle Beteiligten ein klares Bild über die individuelle Rentensituation eines Versicherten. Das setzt voraus, dass die in der Renteninformation enthaltenen Angaben, richtig interpretiert und der Zeit entsprechend, realistisch und fachlich korrekt, beurteilt werden. Sonst entsteht schnell ein Bild, welches trügerische Sicherheit bis zum Eintritt in die Leistungsphase vermittelt. Davor möchten wir an dieser Stelle ausdrücklich warnen. Nutzen Sie die nachfolgenden Informationen, um ehrlich und vorausschauend eine umfassende Ist-Analyse vornehmen.
Gespräche scheitern, weil einige Berater der jeweiligen Software die Entscheidungsfindung übergeben ohne dass klar ist, welche Ziele der entsprechende Kunde überhaupt verfolgt. Darüber hinaus, das ist uns bewusst, spielen finanzielle Handlungsoptionen des Einzelnen eine wesentliche Rolle in der Beratung. Es wäre nur schlimm, wenn der Betroffene aus Unkenntnis über den Sachverhalt keinen Bedarf ableitet und daher keine Handlung als notwendig ansieht. Wenn die Diagnose nicht klar ist, wird ein willkürlich gewähltes Medikament kaum helfen.

Beantragung der Versicherungsunterlagen und Einsicht Wer schneller an die Informationen kommen möchte, hat die Möglichkeit unter www.deutsche-rentenversicherung. de die Informationen online einzusehen oder direkt zu beantragen. Zur Beantragung einer postalischen Renteninformation können Sie Versicherten folgende Vorgehensweise empfehlen:

- Internetseite www.deutsche-rentenversicherung.de öffnen.
- Klicken Sie in der oberen Menüleiste auf *Services*.
- Scrollen Sie die Seite nach unten bis zum Feld: *Wichtiges auf einen Klick*.
- Hier den Punkt: *Versicherungsunterlagen anfordern oder einsehen*
- Dann den Punkt: *Versicherungsunterlagen anfordern ohne Signaturchipkarte*.

Wenn ein Internetzugang nicht zur Verfügung steht, ist auch der Musterbrief (s. Abb. 3.2) verwendbar.

▶   Zur Beantragung benötigen Versicherte die Sozialversicherungsnummer (SV-Nummer). Zu finden ist sie auf der Lohn-/Gehaltsabrechnung, den Schreiben der Deutschen Rentenversicherung oder auf dem Sozialversicherungsausweis.

Was sagt eine SV-Nr. **65 070260 M 99 9** aus:

65	07021960	M	99	9
Rentenversicherungsträger	Geburtsdatum der Person	Anfangsbuchstabe des Geburtsnamens	Kennziffer für Geschlecht	Prüfziffer
			00–49 Männer	
			50–99 Frauen	

Der erste Sozialversicherungsausweis wird durch die DRV ausgestellt. Sie ist auch für eine eventuelle Namensänderung zuständig. Wurde der Ausweis verloren, kann dieser bei der zuständigen Krankenkasse beantragt werden.

Der SV-Ausweis und seine Mitführungspflicht
Früher war es in bestimmten Branchen vorgeschrieben, den Sozialversicherungsausweis stets mitzuführen. Diese Mitführungspflicht ist zum 01.01.2009 entfallen, auch ein Passfoto ist nicht mehr vorgesehen. Jedoch besteht seitdem eine Verpflichtung nach § 2a Schwarzarbeitsbekämpfungsgesetz für die Personen, die in bestimmten Wirtschaftsbereichen oder Wirtschaftszweigen tätig sind, bei der Erbringung von Dienst- oder Werkleistungen ihren Personalausweis, Pass, Passersatz oder Ausweisersatz mitzuführen und bei Kontrollen den Behörden der Zollverwaltung auf Verlangen vorzulegen.

Vorbereitet für eine DL-Fensterumschlag. Versicherungsverläufe können aber auch über die Internetseite bestellt werden: www.deutsche-rentenversicherung.de → Services → Online-Dienste → Versicherungsunterlagen anfordern oder einsehen → Versicherungsunterlagen anfordern ohne Signaturkarte

Deutsche Rentenversicherung Bund
10704 Berlin

Anforderung eines Versicherungsverlaufes mit Anträgen zur Kontenklärung

Sehr geehrte Damen und Herren,

ich bitte um Übersendung eines Versicherungsverlaufes mit Lückendarstellung und Anträgen zur Kontenklärung. Sofern Sie nicht zuständig sind, bitte ich um Weiterleitung meines Schreibens an den kontenführenden Rentenversicherungsträger.

Name (Geburtsname) Ggfls. frühere Namen	
Vorname(n)	
Geburtsdatum und -ort	
Straße und Hausnummer	
Postleitzahl und Ort	
Versicherungsnummer (falls bekannt)	

Mit freundlichen Grüßen

Unterschrift

Abb. 3.2 Musterbrief

3.1.1   Die Renteninformation auf einen Blick

Was sagt die Renteninformation aus? Die Ziffern **1 bis 13** verweisen auf die Stellen innerhalb der Renteninformation (Abb. 3.3 und 3.4). Die vorausgehenden beiden Abbildungen geben dem Betrachter wichtige Hinweise auf:

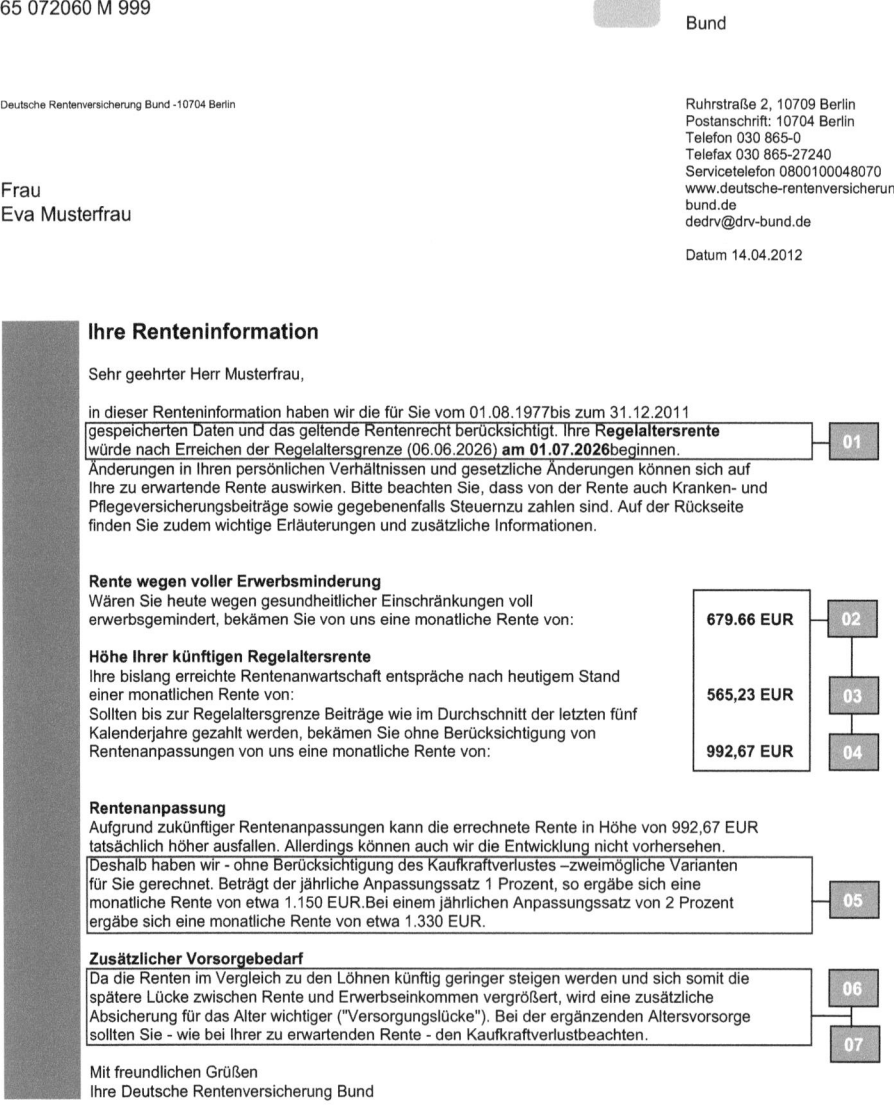

Abb. 3.3 Beispielhafte Rentenberechnung (Frontseite)

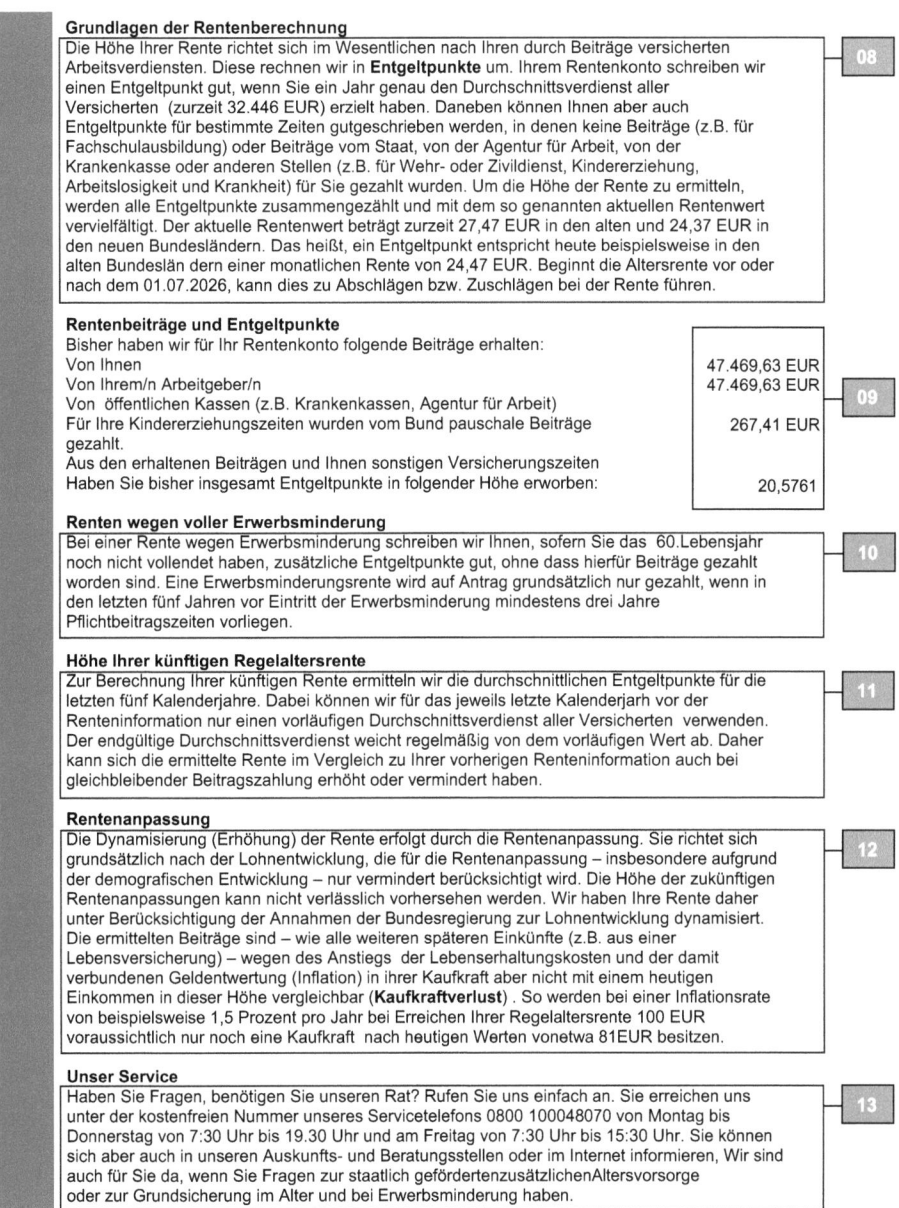

Grundlagen der Rentenberechnung

Die Höhe Ihrer Rente richtet sich im Wesentlichen nach Ihren durch Beiträge versicherten Arbeitsverdiensten. Diese rechnen wir in **Entgeltpunkte** um. Ihrem Rentenkonto schreiben wir einen Entgeltpunkt gut, wenn Sie ein Jahr genau den Durchschnittsverdienst aller Versicherten (zurzeit 32.446 EUR) erzielt haben. Daneben können Ihnen aber auch Entgeltpunkte für bestimmte Zeiten gutgeschrieben werden, in denen keine Beiträge (z.B. für Fachschulausbildung) oder Beiträge vom Staat, von der Agentur für Arbeit, von der Krankenkasse oder anderen Stellen (z.B. für Wehr- oder Zivildienst, Kindererziehung, Arbeitslosigkeit und Krankheit) für Sie gezahlt wurden. Um die Höhe der Rente zu ermitteln, werden alle Entgeltpunkte zusammengezählt und mit dem so genannten aktuellen Rentenwert vervielfältigt. Der aktuelle Rentenwert beträgt zurzeit 27,47 EUR in den alten und 24,37 EUR in den neuen Bundesländern. Das heißt, ein Entgeltpunkt entspricht heute beispielsweise in den alten Bundesländern einer monatlichen Rente von 24,47 EUR. Beginnt die Altersrente vor oder nach dem 01.07.2026, kann dies zu Abschlägen bzw. Zuschlägen bei der Rente führen.

08

Rentenbeiträge und Entgeltpunkte

Bisher haben wir für Ihr Rentenkonto folgende Beiträge erhalten:

Von Ihnen	47.469,63 EUR
Von Ihrem/n Arbeitgeber/n	47.469,63 EUR
Von öffentlichen Kassen (z.B. Krankenkassen, Agentur für Arbeit)	
Für Ihre Kindererziehungszeiten wurden vom Bund pauschale Beiträge gezahlt.	267,41 EUR
Aus den erhaltenen Beiträgen und Ihnen sonstigen Versicherungszeiten	
Haben Sie bisher insgesamt Entgeltpunkte in folgender Höhe erworben:	20,5761

09

Renten wegen voller Erwerbsminderung

Bei einer Rente wegen Erwerbsminderung schreiben wir Ihnen, sofern Sie das 60.Lebensjahr noch nicht vollendet haben, zusätzliche Entgeltpunkte gut, ohne dass hierfür Beiträge gezahlt worden sind. Eine Erwerbsminderungsrente wird auf Antrag grundsätzlich nur gezahlt, wenn in den letzten fünf Jahren vor Eintritt der Erwerbsminderung mindestens drei Jahre Pflichtbeitragszeiten vorliegen.

10

Höhe Ihrer künftigen Regelaltersrente

Zur Berechnung Ihrer künftigen Rente ermitteln wir die durchschnittlichen Entgeltpunkte für die letzten fünf Kalenderjahre. Dabei können wir für das jeweils letzte Kalenderjarh vor der Renteninformation nur einen vorläufigen Durchschnittsverdienst aller Versicherten verwenden. Der endgültige Durchschnittsverdienst weicht regelmäßig von dem vorläufigen Wert ab. Daher kann sich die ermittelte Rente im Vergleich zu Ihrer vorherigen Renteninformation auch bei gleichbleibender Beitragszahlung erhöht oder vermindert haben.

11

Rentenanpassung

Die Dynamisierung (Erhöhung) der Rente erfolgt durch die Rentenanpassung. Sie richtet sich grundsätzlich nach der Lohnentwicklung, die für die Rentenanpassung – insbesondere aufgrund der demografischen Entwicklung – nur vermindert berücksichtigt wird. Die Höhe der zukünftigen Rentenanpassungen kann nicht verlässlich vorhersehen werden. Wir haben Ihre Rente daher unter Berücksichtigung der Annahmen der Bundesregierung zur Lohnentwicklung dynamisiert. Die ermittelten Beiträge sind – wie alle weiteren späteren Einkünfte (z.B. aus einer Lebensversicherung) – wegen des Anstiegs der Lebenserhaltungskosten und der damit verbundenen Geldentwertung (Inflation) in ihrer Kaufkraft aber nicht mit einem heutigen Einkommen in dieser Höhe vergleichbar (**Kaufkraftverlust**) . So werden bei einer Inflationsrate von beispielsweise 1,5 Prozent pro Jahr bei Erreichen Ihrer Regelaltersrente 100 EUR voraussichtlich nur noch eine Kaufkraft nach heutigen Werten vonetwa 81EUR besitzen.

12

Unser Service

Haben Sie Fragen, benötigen Sie unseren Rat? Rufen Sie uns einfach an. Sie erreichen uns unter der kostenfreien Nummer unseres Servicetelefons 0800 100048070 von Montag bis Donnerstag von 7:30 Uhr bis 19.30 Uhr und am Freitag von 7:30 Uhr bis 15:30 Uhr. Sie können sich aber auch in unseren Auskunfts- und Beratungsstellen oder im Internet informieren, Wir sind auch für Sie da, wenn Sie Fragen zur staatlich gefördertenzusätzlichenAltersvorsorge oder zur Grundsicherung im Alter und bei Erwerbsminderung haben.

13

Abb. 3.4 Beispielhafte Rentenberechnung (Rückseite)

Seite 1 (Frontseite) Abb. 3.3 1 Den Zeitpunkt des Renteneintritts

Mögliche Frage im Beratungsgespräch: „Wann wollen Sie in Rente gehen?"

Der Zeitpunkt in der Renteninformation verweist nur auf die Regelaltersrente mit 65 + X Jahre. Alle anderen Rentenansprüche vor Erreichen der Regelaltersgrenze, lassen sich nicht aus der Information ableiten.

▶ Wer vor Erreichen der Regelaltersgrenze in Rente gehen will, muss die entsprechenden Anspruchsvoraussetzungen für die verschiedenen Altersrenten erfüllen (zum Beispiel Altersrente für schwerbehinderte Menschen etc.). Diese Altersrenten werden meist mit einem Abschlag belegt. Dabei wirkt die Rentenkürzung zweifach:
  1. Fehlende Beitragszahlungen bis zur Regelaltersgrenze
  2. Abschlag für vorzeitige Inanspruchnahme

Beispiel

Dieses Beispiel hat keinen Bezug zur vorausgehenden Renteninformation. *Dieter Durchschnitt erwirbt jedes Jahr einen Entgeltpunkt. Würde Herr Durchschnitt bis zum 67. Lebensjahr arbeiten, könnte er 50 Entgeltpunkte erwerben. Geht er bereits mit 63 Jahren in die Altersrente für langjährig Versicherte, so mindert sich sein Rentenanspruch wie folgt*:
1. Schritt: je ein Entgeltpunkt vom 63. bis zum 67. Lebensjahr = 4 EP und den
2. Schritt: Abschlag von 14,4 %.

$$\text{In Summe heit das}: 50\,EP - 4\,EP \qquad = 46\,EP\,(1)$$
$$46\,EP - 14,4\%\,(2) \qquad = \mathbf{39,3760\ EP}$$

Statt einer Rente von 50 Entgeltpunkten (mit 67 Jahren) erhält Herr Durchschnitt eine Rente aus 39,3760 Entgeltpunkten (Rente mit 63 Jahren). Bezogen auf den aktuellen Rentenwert (West = 28,61 € bzw. Ost = 26,39 € vom 01.07.2014) heißt das:
Rente mit 67 Jahren: 1.430,50 €/brutto monatliche Rente West
Rente mit 63 Jahren: 1.126,55 €/brutto monatliche Rente West
Weil er vier Jahre früher in Rente gehen will als er soll, hat er rund 300 € monatlich weniger an Rente. Die Rentenhöhe hängt dabei nicht von den Einzahlungen der letzten Jahre ab. Sie ist ein Spiegelbild des gesamten Erwerbslebens.

In Anlage 12 *finden Sie einen entsprechende Übersicht zum Renteneintritt in Abhängigkeit des Geburtsjahres. So lassen sich schnell Ableitungen zum Renteneintritt treffen, welche in der Renteninfo unter dem Punkt 1 der Abb. 3.3 einfließen.*
2/3/4 in Abb. 3.3: Die aktuell erworbenen Rentenansprüche (der Zahlenkasten)
Mögliche Frage im Beratungsgespräch: „Kennen Sie Ihre Nettorentenansprüche?"

Hinweis *Die Angaben im Zahlenkasten in Abb. 3.3 geben immer den Ist-Zustand (stichtagsbezogen und als Bruttowert) wieder. In der Praxis herrscht der Irrglaube, die aufgeführten Werte seien die letztlich überwiesenen Beträge auf Kundenseite. Dem ist nicht so. Denn Steuern und Beiträge zur Kranken- und Pflegeversicherung müssen ebenso berücksichtigt werden wie eine mögliche Inflation.*

2 in Abb. 3.3 Rente wegen voller Erwerbsminderung

Diese ist nicht mit einer privaten Berufsunfähigkeitsversicherung gleichzusetzen! Rente wegen voller Erwerbsminderung bedeutet, dass die Leistungsfähigkeit des Versicherten unter drei Stunden pro Tag liegen muss (vgl. Ausführung zur Rentenauskunft). Eines ist sicher: Die Renteninformation ist nachvollziehbar und die aufgeführten Werte sehr gut händisch oder auch per Software zu ermitteln. Wird es komplexer, ist eine umfassende Rentenauskunft klar von Vorteil. Darüber hinaus hilft die EMR-Rentenhöhe, die gesetzliche Hinterbliebenenabsicherung in der Erwerbsphase abzuleiten.

EM-Rente im Beispiel 679,66 € (Ziffer 2 in Abb. 3.3) Die Erwerbsminderungsrente (EMR) berechnet sich aus der Summe der bislang erworbenen Entgeltpunkte und der Entgeltpunkte für die Zurechnungszeit. Einfach ist die Berechnung bei Personen, die ab dem 17. Lebensjahr berufstätig sind, also beispielsweise keine Schul- oder Studiumszeiten danach aufweisen. Man spricht in diesem Zusammenhang häufig von der Zurechnungszeit. In der Renteninformation sind alle relevanten Zeiten bis zum Stichtag gespeichert. Beachten Sie immer den Stichtag. In unserem Beispiel ist es der 31.12.2011. Machen Sie das nicht, kommt es zu Abweichungen in den von Ihnen ermittelten Werten.

Die Werte der Renteninformation von Frau M. (Abb. 3.3 und 3.4) Hinweis: Aufgrund der Rechtsänderung (zum Beispiel Mütterrente etc.) sollte man eine Renteninformation nach dem 30.06.2014 anfordern. Ab dem 01.07.2014 kommen höhere Zurechnungszeiten zum Tragen. War es bisher das 60. Lebensjahr, geht die Betrachtung nun bis zum 62. Lebensjahr.

Ableitbare Größe – Hinterbliebenenschutz (Abb. 3.4 Ziffer 2) Der Wert „Rente wegen voller Erwerbsminderung", kann auch zur Ableitung oder Berechnung der entsprechenden Hinterbliebenenrente bei Erwerbstätigen genutzt werden.

Große Witwen-/Witwerrente (neues Recht) = **55 Prozent der EM-Rente**
Im Beispiel in Abb. 3.3 (EM-Rente = 679.66 €) = 373,81 €
Kleine Witwen-/Witwerrente = **25 Prozent der EM-Rente**
Im Beispiel in Abb. 3.3 (EMR-Rente = 679.66 €) = 169,92 €
Vollwaisenrente 20 Prozent der EM-Rente = 135,93 €
Halbwaisenrente 10 Prozent der EM-Rente = 67,97 €

Die ausgewiesenen Werte verstehen sich vor der Einkommensanrechnung und den entsprechenden Freibeträgen (Die Höhe der tatsächlichen Vollwaisenrente hängt auch vom Rentenkonto des anderen Elternteil ab).

3 in Abb. 3.3 Aktuell erworbene Ansprüche ohne weitere Beitragszahlung

Diese Rente ist „garantiert", wenn der Versicherte sich heute selbständig machen würde oder als „nur Hausfrau" nicht weiter in die Rentenkasse einzahlen würde. Die Zahl von 565,23 € ergibt sich ebenfalls über die Rentenformel. In unserem Beispiel ist die Berechnung wie folgt:

$$EP \times Zf \times RaF \times aRw \qquad = \text{monatliche Rente}$$
$$\text{Berechnung}: 20,5761 \times 1,0 \times 1,0 \times 27,46\,€ \quad = \mathbf{565{,}02\ €}$$

Zum 01.07.2014 beträgt der aktuelle Rentenwert (aRw) 28,61 €. Es ergibt sich (ohne weitere Beitragszahlung) die monatliche Rente von 588,68 €.

4 in Abb. 3.3 Rentenansprüche, wenn die Beiträge wie in den letzten fünf Jahren weitergezahlt werden. Dieser Wert beschreibt die Hochrechnung unter Einbezug weiterer Entgeltpunkte ohne Einbezug einer Rentenanpassung. Maßgeblich sind der vorausgehende Zeitraum von fünf Jahren und die darin erworbenen Entgeltpunkte. Diese werden dann Jahr für Jahr als gegeben angesehen und für die Hochrechnung genutzt. Man kann aus dieser Zahl aber auch noch den ungefähren Verdienst des Versicherten ableiten. Voraussetzung dafür ist jedoch, dass es keine größeren Sprünge beim Versicherten in Bezug auf die vorgelegte Renteninformation gab. Diese Hochrechnung ist umso unwahrscheinlicher, je weiter der Versicherte von der Rente entfernt ist. Jede Krankheit, Arbeitslosigkeit oder Beförderung wird das Ergebnis der Hochrechnung verfälschen.

Ableitbare Größe „Einkommen" (Abb. 3.3 und 3.4) Das annähernde Einkommen des Versicherten ermittelt sich dabei wie folgt. Die Beitragsbemessungsgrenze setzt ein eingeschränktes für die Berechnung.

1. Schritt:**4–3 in Abb. 3.3**

$$992{,}67\,€ \text{ künftige Rente } (-) \text{ der bereits erworbenen Rente}$$
$$992{,}67\,€ - 565{,}02€ = \underline{427{,}65\,€}$$

2. Schritt: **1 in Abb. 3.3** ist maßgeblich

$$\text{noch zu berücksichtigenden Zeitraum ermitteln (Renteneintritt)}$$
$$\text{Juni } 2026 - 01.01.2012 = \underline{13 \text{ Jahre und } 6 \text{ Monate}}$$

3. Schritt: Ermittlung Summe Entgeltpunkte für künftige Regelaltersrente

$$992.67\,€ : 27{,}47\,€ = \underline{36{,}1365 \text{ EP}}$$
$$\text{aktueller Rentenwert (Abb. } 3.4 - 8 \text{ Text)}$$

4. Schritt: Ermittlung der Differenz für zukünftigen Betrachtungszeitraum

$$36{,}1365 \text{ (aus Schritt 3.)} - 20.5761 = \underline{15{,}5604 \text{ EP}}$$
$$\text{gesamte EP aus Schritt } 3 - \text{erreichte EP (Abb. } 3.4 - 9 \text{ mageblich)}$$

5. Schritt: Ermittlung der angesetzten EP je Jahr

$$15,5604 \text{ EP} : 13,5 \text{ Jahre} = \underline{1,1525 \text{ EP p.a.}}$$

$$\text{Schritt 4} \qquad : \text{Schritt 2}$$

6. Schritt: Umrechnung der EP zum Jahresverdienst (1 EP = 32.446 €)

$$1,1525 \times 32.446 \text{ €} = \text{ca. } \underline{37.394 \text{ €}} \text{ p.a. (Abb. 3.4 – 8 mageblich)}$$

Der Wert gibt einen Hinweis auf das annähernde Einkommen (brutto) des Inhabers der Renteninformation (im Jahr 2012). Die Berechnung ist in vielen Fällen möglich und stellt somit eine weitere Möglichkeit dar, eine ableitbare Größe zu berechnen. Die Beitragsbemessungsgrenze setzt auch hier eine klare Grenze für die Annäherungsrechnung. Eine andere Möglichkeit besteht darin, die Versicherten zu fragen, was sie verdienen.

5 – Abb. 3.3: Hochrechnungen der Altersrente mit 1 bzw. 2 %

Mögliche Glaubensfrage im Beratungsgespräch: „Wie realistisch sind zukünftige Rentenerhöhungen von 1 und 2 %?"

Hier wird die Renteninformation zur Rentenillusion. Diese Werte setzen voraus, dass die Rentenanpassung in Höhe von 1 bzw. 2 % jährlich erfolgen wird. Die Rentenanpassung in den letzten zehn Jahren lag bei durchschnittlich 0,75 % (West) bzw. 1,16 h % (Ost). Drehen Sie jetzt die Renteninformation um. Unter dem Punkt **12** Rentenanpassung (Abb. 3.4) finden Sie einen textlichen Hinweis zum „Kaufkraftverlust". Das 1,5-prozentige Inflationsbeispiel können Sie direkt auf die Werte der Frontseite (Abb. 3.3, Zahlenkasten) übertragen. Wer macht das aber in der Praxis?

Im Beispiel von Frau M. Aus 100 € werden bei Frau M. 81 € bei einer 1,5-prozentigen Inflation. Der daraus resultierende, individuelle Faktor 81/100 = 0,81 kann auf die Werte (Regelaltersrente und hochgerechnete Altersrente für 1 und 2 %) der Frontseite übertragen werden, vorausgesetzt die Inflation beträgt auch 1,5 %. Dieser Faktor ist von Renteninformation zu Renteninformation unterschiedlich. Hintergrund dafür ist die unterschiedliche Laufzeit bei gleichem Zins.

Daraus ergeben sich für jeden Versicherten verschiedene Beispiele.

Der Renteninformation entnehmen Sie die hochgerechneten Werte:

Regelaltersrente mit 1 % Rentenanpassung:	= 1.150 € x 0,81
Regelaltersrente bei 1,5 % Inflation:	= ca. 931,50 €
Regelaltersrente mit 2 % Rentenanpassung:	= 1.330 € x 0,81
Regelaltersrente bei 1,5 % Inflation:	= ca. 1.077,30 €

Passen Sie die Werte in einer Berechnung möglichst an! Es ist möglich, mit einem Finanztaschenrechner die aufgeführten Werte zu berechnen und nachzuprüfen. Sollte es dabei zu

Abweichungen kommen, liegt der Fehler häufig bei Abweichungen im angesetzten Zeitraum (speziell der zu berücksichtigenden Monate).

6 und 7; Abb. 3.3: Hinweise zur Versorgungslücke und dem Kaufkraftverlust

Eine optimale Überleitung auf den zusätzlichen privaten oder betrieblichen Vorsorgebedarf, um die Lücke zwischen Erwerbseinkommen und späterer Rente zu schließen. Es entsteht ein klarer Hinweis auf den Aspekt der „Versorgungslücke". Was diese aussagt, lesen Sie auf den Folgeseiten.

Seite 2- Rückseite (wird gern vernachlässigt); Abb. 3.4:

08 Angaben zur Ermittlung und Gutschrift der Entgeltpunkte

09 Aufsplittung Rentenbeiträge (eigene, Arbeitgeber, Krankenkassen usw.)

10 Hinweise zur vollen Erwerbsminderung

11 Hinweise zur künftigen Regelaltersrente

12 Rentenanpassung/Inflationsbeispiel 100 € (individuelles Beispiel)

13 Kontaktangaben DRV

Was sagt die „Versorgungslücke" aus?

Bevor der Versicherte die Versorgungslücke schließen möchte, ist entscheidend, wie eine solche definiert wird. Das heißt: Welcher Bedarf steht welchem Einkommen/ welchen Einkünften gegenüber? Darüber hinaus entscheidet das Anspruchsdenken des Einzelnen über die Höhe der sogenannten „Versorgungslücke". Oft verkennen Versicherte die Situation in der Zukunft. So werden berufsbedingte Ersparnisse (zweites Auto, Berufskleidung etc.) schnell benannt, dafür aber altersbedingte Ausgaben zu schnell übersehen (Medikamente, Haushaltshilfen etc.). Es ändert sich nicht die Höhe, sondern die Art der Ausgaben. Eine Versorgungslücke definiert also die Differenz des Soll-Zustandes zum tatsächlichen Ist. In der Praxis stellt sie häufig den Unterschiedsbetrag zwischen den Nettoeinkünften im Erwerbsleben zu den späteren Renteneinkünften (ebenfalls netto) dar.

Eine Renteninformation enthält somit die wichtigsten Zahlenwerte, welche sich aus den Beitragszahlungen ableiten. Die Beitragszahlungen werden dann in Entgeltpunkte umgerechnet und daraus die jeweilige Rente ermittelt. Hierzu werden die ermittelten Entgeltpunkte mit dem aktuellen Rentenwert vervielfältigt. Wer in einem Jahr im Durchschnitt aller Versicherten verdient hat, erhält einen Entgeltpunkt (EP).

$$\text{Jahr } 2012 = 1 \text{ Entgeltpunkt} = 33.002 \,€ \text{ p.a.}$$
$$\text{Jahr } 2013 = 1 \text{ Entgeltpunkt} = 34.071 \,€ \text{ p.a.}$$
$$\text{Jahr } 2014 = 1 \text{ Entgeltpunkt} = 34.857 \,€ \text{ p.a.}$$

Ausgewiesene Rente wegen Erwerbsminderung

Hierfür ist es normalerweise erforderlich, dass in den letzten fünf Jahren vor Eintritt der EM mindestens drei Jahre Pflichtbeitragszeiten im Rentenkonto gespeichert worden. Die

Zahlung der befristeten Rente beginnt frühestens mit dem siebten Kalendermonat nach Eintritt der Erwerbsminderung.

Die befristeten Renten werden für maximal drei Jahre nach Rentenbeginn gezahlt. Die Befristung kann wiederholt werden. Bei unbefristeten Renten beginnt die Rentenzahlung (bei rechtzeitiger Antragstellung) mit dem auf den Eintritt der Erwerbsminderung folgenden Monat. Der Anspruch auf Rente wegen Erwerbsminderung entfällt, wenn der Versicherte die Regelaltersgrenze erreicht. Die Erwerbsminderungsrente wird dann von Amts wegen in eine Regelaltersrente umgewandelt. Das bedeutet, die bisherige Erwerbsminderungsrente wird neu berechnet. In der überwiegenden Zahl der Fälle fällt die Rente geringer aus, jedoch greift dann hier die Besitzschutzregelung (§ 88 SGB VI). In der Praxis kommt es zu einer Umbenennung der Renten und Gewährung in gleicher Höhe. Mit Erreichen der Regelaltersgrenze entfällt auch die Hinzuverdienstgrenze und es kann unbegrenzt hinzuverdient werden.

Fazit

Die Renteninformation ist Planungsgrundlage für das heutige und zukünftige Anspruchsdenken vieler Versicherter. Die aufgeführten Werte sind dabei für viele Menschen irreführend. Es wird immer von Bruttorenten ausgegangen und auf die entscheidenden Faktoren nur in textlicher Form eingegangen. So reduzieren sich durch die zunehmende Besteuerung die ausgewiesenen Renten um bis zu 15 %. Kranken- und Pflegekassenbeiträge reduzieren die Renten bereits heute um mehr als 10 %. Durch die beschlossene Absenkung des Rentenniveaus sind weitere 12 bis 18 % vom Versicherten zu tragen.

„Erwerbsminderung" ist ein oft verdrängtes Risiko und ist für die private Versicherungswirtschaft schnell das schlagende Argument in der Beratung. Bleiben wir in der gesetzlichen Rentenversicherung, ergibt sich eine ganz neue Betrachtung. Ein plötzlich von der Erwerbsminderung betroffener Versicherter wird ohne zeitliche Verzögerung von einer Rentenkürzung betroffen sein. Es besteht in diesen Fällen keine Möglichkeit mehr, Vorsorge für das Alter zu treffen. Auch „riestern" schafft hier selten den finanziellen Ausgleich im Alter. Die Beitragsaufwendungen sind für viele Versicherte nicht tragbar.

Fragen die sich dabei immer wieder in den Gesprächen mit Versicherten entwickeln:
- Wie hoch wird die Rente, zu welchem Renteneintritt, tatsächlich sein?
- Welcher Betrag fehlt (bei Vorgabe eines monatlichen Versorgungsziels)?
- Welcher Betrag ist in welcher Anlageform sinnvoll?

3.1.2 Praxisumgang mit der Renteninformation

Es gibt mehrere Möglichkeiten, sich mit den Inhalten und den Werten der Renteninformation auseinanderzusetzen. Neben der Anwendung einer entsprechenden Software können Sie mit einem Finanztaschenrechner auch eine händische Berechnung durchführen. Ziel bei allen drei Varianten ist es, die aufgeführten Werte entsprechend des vorausgehenden

Zeitraumes einer ehrlichen Betrachtung zu unterziehen. Ehrlich heißt für uns dabei: die nackte Zahl, nach Inflation, Kranken- und Pflegeversicherungsbeiträgen und ggf. Steuern zu ermitteln. Weil diese eine Zahl das tatsächliche Budget im späteren Rentenbezug ausdrückt, ist es notwendig, die Werte im richtigen Licht zu betrachten. Wir werden nur die gesetzliche Rente als Vorsorge betrachten.

Die Berechnung ist grundlegend und somit das Fundament für alle weiteren Vorsorgevarianten. Anhand einer Beispielberechnung erfolgt eine Betrachtung der beschriebenen Punkte:

- Inflation
- Kranken- und Pflegeversicherungsbeiträge
- Steuern

Die aufgeführten drei Punkte werden dabei nach einer Rentenanpassung in die Berechnung einfließen. Was Sie zum Nachvollziehen der Berechnung benötigen, sind die Tabellen im Anhang und einen Taschenrechner, einen Stift und ein Blatt Papier und letztlich den Willen, die aufgeführten Zahlen einmal selbst zu berechnen. Für die Besitzer eines Finanztaschenrechners sind alle aufgeführten Schritte nachvollziehbar.

Ausgangslage In einer Renteninformation ist eine Zahl für die spätere Rentenberechnung entscheidend. Die weiteren Werte der Rentenanpassung (1 bzw. 2 % und andere Szenarien) lassen sich berechnen und herleiten. Wir nutzen die Werte der Renteninformation (s. Abb. 3.3).

Abbildung 3.3 – Ziffer **4** = **992,67 €** (unsere Ausgangszahl für die Rechenfolge)

Schritt 1 – Die Rentenanpassung Viele Menschen beginnen bereits hier mit dem Überprüfen der Werte in der Renteninformation, durch den Einsatz von Software und Finanztaschenrechner. Eines vorab: Die Werte für die ein- und zweiprozentige Rentenanpassung sind korrekt aufgeführt und bedürfen keiner Kontrolle! Zu möglichen Abweichungen kommt es bei Ihnen dann, wenn der angesetzte Zeitraum nicht mit dem Zeitraum in der Berechnung in der Renteninformation übereinstimmt. Eine Berechnung der Rentenanpassung scheint jedoch dann sinnvoll, wenn wir davon ausgehen, dass die Rentenanpassung eben nicht bei einem bzw. zwei Prozent liegt, sondern durchschnittlich in den letzten Jahren eher geringer ausfiel. Dann beginnt Berechnung bereits an dieser Stelle. Damit diese schrittweise Berechnung klar wird, steigen wir in die Berechnung mit der Zahl 992,67 € aus der Renteninformation ein.

Nutzen Sie bitte die **Anlage 5 Rentenanpassung** zum Buch!

Anlage 5 Rentenanpassung Die Anlage enthält eine Tabelle für Rentenanpassungen von (−) 2,0 % bis (+) 2,0 % für den Zeitraum von mindestens 5 bis maximal 45 Jahren zu berechnen. Für die Praxis sollte dieser Zeitraum in den meisten Fällen ausreichend sein. *Frau M. hat die künftige Regelaltersrente (ohne Rentenanpassung) von 992,67 €. Wie* *hoch ist die Rente bei 1 % Rentenanpassung und bei 2 % Rentenanpassung laut der Anlage 5?*

Rechenfolge Rentenanpassung Schritt 1: Tabelle Anlage 5 öffnen und den entsprechenden Wert ermitteln.

Wert 1,00 in Zeile und 15 in Spalte suchen = 11,61 (auch Faktor 1,161)

Aus 10 € werden also in rund 15 Jahren 11,61 €.

Heißt für die Berechnung:

$$992{,}67 \text{ € bei } 1{,}00 \text{ % in ca. 15 Jahren} = 992{,}67\text{€} \times 1{,}161 = 1.152{,}48\text{€}$$

$$\text{Für 2 Prozent erfolgt die gleiche Vorgehensweise}$$

$$\text{bei } 2{,}00 \text{ % in ca. 15 Jahren} = 992{,}67\text{€} \times 1{,}346 = 1.336{,}13\text{€}$$

Kontrolle *Gehen Sie bitte zurück zu Abb. 3.3. Hier sind unter Punkt 5 die tatsächlichen Werte aufgeführt. Durch eine Interpolation zwischen den Werten 10 und 15 Jahre (genauer Zeitraum) hätten wir die ermittelten Werte nochmals um einige Euro annähern können. Wir denken eine Abweichung von sechs Euro ist vertretbar.*

Entscheidend ist, dass die Tabelle in Anlage 5 auch kleinere Rentenanpassungen zulässt. Möchte beispielsweise der Kunde nur mit 0,75 % rechnen, dann ergibt sich der Wert (Spalte 15 Jahre) von 11,19 Aus 10 € werden also 11,19 € in 15 Jahren bei einer Rentenanpassung von 0,75 %. Übertagen auf die 992,67 € heißt es nun:

$$992{,}67\text{€} \quad \text{bei } 0{,}75 \text{ % Rentenanpassung in ca. 15 Jahren}$$

$$= 992{,}67\text{€} \times 1{,}119 = \mathbf{1.110{,}80 \text{ €}}$$

Aufgrund der zurückliegenden durchschnittlichen Rentenanpassung (Zeitraum 10 Jahre), rechnen wir mit einer Rentenanpassung von 0,75%. Der anschließenden Inflationsbetrachtung (Schritt 2), wird der ermittelte Wert von 1110,80 € zugrunde gelegt.

Schritt 2 Auf die Inflation wird innerhalb der Renteninformation schriftlich eingegangen aber es fehlt den meisten Betrachtern das Handwerkzeug den beschriebenen „Kaufkraftverlust" auch auf die ausgewiesenen Werte innerhalb der Renteninformation zu übertragen. Darin ändert auch das Beispiel auf der Rückseite der Renteninformation nichts.

Nutzen Sie die **Anlage 6** (Ermittlung des Kaufkraftverlustes) zum Buch! Sie enthält die Möglichkeit, Inflationsbetrachtungen von einen, zwei und drei Prozent für den Zeitraum von 5 bis 45 Jahren zu berechnen. Wir wollen mit einer Inflation von 2 % rechnen bereits erfolgter Schritt – Rentenanpassung:

$$992{,}67\text{€} \quad \text{bei } 0{,}75 \text{ % in ca. 15 Jahren} = 992{,}67\text{€} \times 1{,}119 = \mathbf{1.110{,}80\text{€}}$$

Rechenfolge Inflationsbetrachtung:

1. Schritt: Tabelle Inflation für 2 % Anlage 6 öffnen und Wert ermitteln. Wert 10 in Zeile und 15 in Spalte suchen = 7,44 € (auch Faktor 0,744) Aus 10 € werden also in 15 Jahren 7,44 € (bei Inflation = 2 %).

Heißt für die Berechnung:

$$1110,80 \,€ \quad \text{bei } 2,0\,\% \text{ Inflation in ca. 15 Jahren}$$
$$= 1110,80 \,€ \times 0,744 = \mathbf{826,43\,€}$$

Ergebnis *Aus 1.110,80 € (Wert der 0,75-prozentigen Rentenanpassung) bleiben bei einer 2-prozentigen Inflation über den Zeitraum von 15 Jahren 826,43 € zur Planung über.*

Es fehlt im dritten Schritt der Abzug der Kranken- und Pflegeversicherungsbeiträge.

Schritt 3 – Die Kranken- und Pflegeversicherungsbeiträge Mit Betrachtung des Jahres 2014, sind wir mit 10 % sehr dicht am tatsächlichen Aufwand (Kranken- und Pflegeversicherungsbelastung im Rentenbezug) dran. Abweichungen betragen wenige Promille. Ausgangswert für die dritte Berechnung, ist der im Schritt 2 ermittelte Inflationswert von 826,43 €. Wird der Wert 826,43 € um 10 % reduziert (82,64 €) ergibt sich der Wert 743,78 €. Dieser Wert wird zur Planungsgröße im Beispiel. Ein vierter Schritt wird sich mehr und mehr für viele Rentner anschließen – die steuerliche Betrachtung.

Schritt 4 – Steuern Hier verweisen wir auf Abschn. 3.4.2.

Fazit

Was machen Sie nun mit dem Wert 743,78 €? Gehen Sie zurück zum Beispielbeginn, so finden Sie den Wert 992,67 €, mit dem die Rechenfolge begann. Je nachdem, wie eine Rentenanpassung und Inflation prozentual angesetzt wird, entsteht eine mehr oder weniger große Versorgungslücke. Der Inhaber einer solchen Renteninformation kennt diese eine Zahl oft nicht oder nutzt die Illusion er ersten Seite (Rentenanpassung 2 %), um sich in trügerischer Sicherheit der Rente anzunähern.

Ist er dort angekommen, ist es dann auch schon zu spät. Wenn Sie eine Vorsorgevariante, welcher Art auch immer, einbinden wollen, muss klar sein, wie groß die individuelle Lücke, die sogenannte „Versorgungslücke", ist. Erst dann lässt sich eine Handlungsempfehlung, welcher Art auch immer, aussprechen. Die dann gewählte Variante (zum Beispiel Riester-Rente, Fondslebensversicherung etc.) widersteht dann auch einem permanenten Konsumrausch und einer Befriedigung kurzfristiger, oft unnötiger materieller Wünsche. In diesem Beispiel betrachteten wir einen Zeitraum von rund 15 Jahren. Junge Berufsstarter haben 40 Jahre und mehr vor sich. Eine enorme Herausforderung für alle Beteiligten!

3.2 Kontenklärungsverfahren

Es gibt nur eine Person, die wirklich beurteilen kann, ob der Versicherungsverlauf vollständig ist: der Versicherte selbst. Nachdem er den Versicherungsverlauf von der Deutschen Rentenversicherung erhalten hat, sollte der Versicherte diesen zunächst einem prüfenden Blick unterziehen. Leider stellt die Deutsche Rentenversicherung (obwohl sie die Daten besitzt) in ihrem Versicherungsverlauf nicht dar, bei welchem Arbeitgeber Zeiten zurückgelegt wurden.

Die beigefügten Vordrucke zur Kontenklärung (V 100 oder V 101) kann man, muss man aber nicht ausfüllen. Es soll nicht unerwähnt bleiben, dass die DRV inzwischen auch die Online-Antragsstellung anbietet. Sie findet man auf www.deutsche-rentenversicherung.de (weiter unter: „Services", „Online-Dienste", „Unser Service-Angebot", „Anträge stellen").

So ein Formular der DRV kann den normalen Menschen schon verwirren, zumal diese Vordrucke eben nicht für den 08/15-Fall gestrickt sind, sondern durch die Fragestellungen auch Sonderfälle abgreifen muss, wodurch weitere Ermittlungen (und weitere Fragebögen) nötig werden.

Den Antrag auf Kontenklärung gibt es in zwei Versionen:

- **Vordruck V 100** (Geburtsjahrgänge bis einschließlich 1978) und
- **V 101** (Geburtsjahrgänge ab 1979, mit reduziertem Frageumfang) (Abb. 3.5).

Versicherte sollten handschriftlich „*und RentenAUSKUNFT*" auf der Titelseite vermerken, damit man diese auch wirklich erhält. Andernfalls erhält man meist nur eine Wartezeitauskunft oder Renteninformation, mit der man nicht viel schlauer als zuvor ist.

Frage 1 Versicherte sollten ihre persönlichen Daten immer so schreiben, wie sich diese aus dem gültigen Personalausweis (Reisepass) ergeben. Die Grundlage für die Schreibweise des Namens und des Geburtsortes ergibt sich aus der Geburtsurkunde (bzw. Heiratsurkunde).

Versicherte sollten sich „einzigartig" machen: Die Angabe des zweiten Vornamens, *gerade* dann, wenn man nicht Müller, Meier oder Schulze heißt, schützt vor Personenverwechslungen.

Die Angabe der E-Mail-Adresse kann man sich schenken. Aus Gründen des Datenschutzes wird kaum ein Sachbearbeiter der Deutschen Rentenversicherung von sich aus eine E-Mail an Versicherte mit persönlichen Daten schreiben.

Der Wohnsitz am 18.05.1990 (Schaffung einer Währungs-, Wirtschafts- und Währungsunion zwischen der BRD und der DDR an diesem Tag) ist wichtig für die Ermittlung von Entgeltpunkten nach Übergangsrecht.

Wer aus dem Ausland zugezogen ist, könnte unter Umständen auch dort noch Rentenansprüche haben.

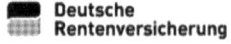

Deutsche
Rentenversicherung

Versicherungsnummer	Kennzeichen (soweit bekannt)	Eingangsstempel

Antrag auf Kontenklärung
für Geburtsjahrgänge bis einschließlich 1978
(kein Rentenantrag)

V100

Hinweis: Um Ihr Versicherungskonto überprüfen und ergänzen zu können, benötigen wir aufgrund des Sechsten Buches des Sozialgesetzbuches - Gesetzliche Rentenversicherung (SGB VI) - von Ihnen einige wichtige Informationen und Unterlagen. Wir möchten Sie deshalb bitten, die gestellten Fragen vollständig zu beantworten und uns die erbetenen Unterlagen möglichst umgehend zu überlassen. Ihre Mithilfe erleichtert uns eine rasche Erledigung Ihrer Angelegenheiten.

In welchem Umfang Ihre Mithilfe benötigt wird, ergibt sich aus § 149 Absatz 4 SGB VI. Danach sind Sie verpflichtet, alle für die Kontenklärung erheblichen Tatsachen anzugeben und uns die notwendigen Urkunden und sonstigen Beweismittel zur Verfügung zu stellen.

Näheres finden Sie in den Erläuterungen (Vordruck V110).

1   Angaben zur Person

Name	Vorname (Rufname)
Geburtsname	frühere Namen

Geburtsdatum	Geschlecht ☐ männlich ☐ weiblich	Staatsangehörigkeit (ggf. frühere Staatsangehörigkeit bis)

Geburtsort (Kreis, Land)

Straße, Hausnummer	telefonisch tagsüber zu erreichen (Angabe freiwillig)
Postleitzahl Wohnort	Telefax (Angabe freiwillig)

E-Mail (Angabe freiwillig)

Wohnsitz am 18.5.1990 (Ort, Bundesland, Staat)	letzter Wohnsitz im Inland (bei Aufenthalt im Ausland)

Zuzug aus dem Ausland? ☐ nein ☐ ja, am	Tag Monat Jahr aus	Ort, Gebiet, Staat
		Ort, Bundesland
	nach	

Abb. 3.5 Formular V 100

Versicherungsnummer

Kennzeichen
(soweit bekannt)

2 Antragstellung durch andere Personen
Der Antrag wird in Vertretung gestellt von

**Vollmacht oder Beschluss
des Gerichts bitte beifügen**

Name, Vorname / Dienststelle (ggf. Aktenzeichen)

in der Eigenschaft als

☐ gesetzlicher Vertreter ☐ Vormund ☐ Betreuer ☐ Bevollmächtigter

Straße, Hausnummer

telefonisch tagsüber zu erreichen (Angabe freiwillig)

Postleitzahl Wohnort

Telefax (Angabe freiwillig)

E-Mail (Angabe freiwillig)

3 Beitragszeiten im Inland
(für Zeiten und Sachverhalte im Beitrittsgebiet bis 31.12.1991 siehe Ziffer 4)

Beweismittel bitte beifügen

3.1 Haben Sie Beitragszeiten oder Beschäftigungszeiten zurückgelegt, die im Versicherungsverlauf **nicht** enthalten sind?

☐ nein, bitte weiter bei Ziffer 3.3

☐ ja, dann hier bitte Art und Dauer dieser Zeiten genau aufführen, ggf. weitere Angaben in den Vordruck V105 eintragen

Zeitraum vom - bis (Tag, Monat, Jahr)	genaue Bezeichnung der Beschäftigung bzw. Tätigkeit (z. B. nicht kaufmännischer Angestellter, sondern Bilanzbuchhalter)	Arbeitgeber (Name, Sitz und Art des Betriebes) bzw. Vermerk "selbständig"	An welche Krankenkasse wurden Beiträge gezahlt?

3.2 Waren Sie während der in Ziffer 3.1 angegebenen Zeiten teilzeitbeschäftigt?

☐ nein ☐ ja

vom - bis / wöchentliche Arbeitszeit in Stunden

volle betriebliche Arbeitszeit pro Woche in Stunden

vom - bis / wöchentliche Arbeitszeit in Stunden

volle betriebliche Arbeitszeit pro Woche in Stunden

Abb. 3.5 (Fortsetzung)

Versicherungsnummer	Kennzeichen (soweit bekannt)
⌷_⌷_⌷_⌷_⌷_⌷_⌷	⌷_⌷_⌷_⌷

Beweismittel bitte beifügen

3.3 Standen Sie vor dem 1.1.1967 in einem Beschäftigungsverhältnis bei Verwandten oder dem Ehegatten?

☐ nein ☐ ja   vom - bis _____

Name und Verwandtschaftsverhältnis

3.4 Haben Sie freiwillige Beiträge zur Rentenversicherung gezahlt, die im Versicherungsverlauf **nicht** enthalten sind?

vom - bis   Versicherungsträger

☐ nein ☐ ja

3.5 Wurde für Sie eine Nachversicherung durchgeführt?

bei welcher Stelle   Aktenzeichen

☐ nein ☐ ja

3.6 Könnte für Sie ein Anspruch auf Nachversicherung bestehen (z. B. als Beamter, Berufssoldat, Soldat auf Zeit, Mitarbeiter von Religionsgesellschaften)?

vom - bis

☐ nein ☐ ja   _____

Grund

3.7 Sind Ihnen Beiträge erstattet oder zurückgezahlt oder ist dies von Ihnen beantragt worden?

wann   Versicherungsträger

☐ nein ☐ ja

Aktenzeichen

3.8 Wurden für Sie in der Zeit vom 1.7.1975 bis 31.12.1991 Beiträge als behinderter Mensch in einer geschützten Einrichtung gezahlt, die im Versicherungsverlauf **nicht** als "Pflichtbeiträge in geschützter Einrichtung" gekennzeichnet sind?

vom - bis   Bezeichnung der Einrichtung

☐ nein ☐ ja   _____

vom - bis   Bezeichnung der Einrichtung

---

4   Zeiten und Sachverhalte im Beitrittsgebiet bis 31.12.1991   **Beweismittel bitte beifügen**

4.1 Wurden Zeiten und Sachverhalte im Beitrittsgebiet zurückgelegt?

☐ nein,   bitte weiter bei Ziffer 5

☐ ja

4.1.1 Sind diese Zeiten (einschließlich Beitragszeiten zur freiwilligen Zusatzrentenversicherung - FZR -) im Sozialversicherungsausweis vollständig enthalten?

☐ nein,   bitte Vordruck V700 ausfüllen und beifügen

☐ ja,   bitte Sozialversicherungsausweis beifügen

4.2 Sind Sie vor dem 3.10.1976 geboren?

☐ nein,   bitte weiter bei Ziffer 5

☐ ja

Seite 3 von 7
V0100 PDF
V026 - 27.02.2013 - 22

Abb. 3.5 (Fortsetzung)

Versicherungsnummer

Kennzeichen
(soweit bekannt)

Beweismittel bitte beifügen

4.3 Lagen Ihre tatsächlichen Arbeitsverdienste bzw. Einkünfte über den im Sozialversicherungsausweis bescheinigten Beträgen?

vom - bis   damaliger Arbeitgeber / Betrieb / Ort

☐ nein   ☐ ja

4.4 Waren Sie in der Zeit vom 1.7.1975 bis 31.12.1991 voll erwerbsgemindert?

vom - bis   Aufenthaltsort

☐ nein   ☐ ja

4.5 Haben Sie einem Zusatzversorgungssystem oder Sonderversorgungssystem angehört bzw. eine Beschäftigung ausgeübt, für die ein Versorgungssystem bestanden hat?

vom - bis   Versorgungssystem

☐ nein   ☐ ja _____
                   Art der Ausbildung bzw. des ausgeübten Berufs

4.6 Waren Sie hauptamtlicher Mitarbeiter des Ministeriums für Staatssicherheit / Amtes für Nationale Sicherheit, ohne in das Sonderversorgungssystem für Angehörige des Ministeriums für Staatssicherheit / Amtes für Nationale Sicherheit einbezogen worden zu sein?

vom - bis

☐ nein   ☐ ja

4.7 Haben Sie Ansprüche oder Anwartschaften nach dem (am 28.2.1991 geschlossenen) Pensionsstatut der Carl-Zeiss-Stiftung Jena erworben, die ggf. auch abgefunden wurden?

vom - bis   bei

☐ nein   ☐ ja

4.8 Sind Sie anerkannter Verfolgter im Sinne des Gesetzes über den Ausgleich beruflicher Benachteiligungen für Opfer politischer Verfolgung (Berufliches Rehabilitierungsgesetz)?

☐ nein   ☐ ja, bitte Bescheinigung der Rehabilitierungsbehörde beifügen

☐ Gegen die Rehabilitierungsbescheinigung ist ein Rechtsbehelf eingelegt worden.

5   Zeiten im Ausland   Beweismittel bitte beifügen

5.1 Haben Sie Zeiten im Ausland (einschließlich Zeiten des gewöhnlichen Aufenthalts) zurückgelegt?

☐ nein,   bitte weiter bei Ziffer 6
            Staat

☐ ja

5.2 Haben Sie im Ausland Beiträge zu einem Versicherungsträger bzw. Versorgungsträger gezahlt, Zeiten einer gesetzlichen Versicherung zurückgelegt, Versorgungsanwartschaften erworben oder Dienstzeiten bei einem Organ der EU zurückgelegt? Anzugeben sind auch Zeiten in Sondersystemen.

vom - bis   Versicherungsträger / Versorgungssystem

☐ nein   ☐ ja

Staat   ausländische Versicherungsnummer / Aktenzeichen

Staatsangehörigkeit

vom - bis   Versicherungsträger / Versorgungssystem

Staat   ausländische Versicherungsnummer / Aktenzeichen

Staatsangehörigkeit

Seite 4 von 7

V0100 PDF
V026 · 27.02.2013 · 22

Abb. 3.5 (Fortsetzung)

Versicherungsnummer   Kennzeichen
                                       (soweit bekannt)

⌐ ⌐ ⌐ ⌐ ⌐ ⌐ ⌐ ⌐ ⌐ ⌐ ⌐   ⌐ ⌐ ⌐ ⌐ ⌐ ⌐ ⌐

Beweismittel bitte beifügen

5.3   Haben Sie sich nach Vollendung des 15. Lebensjahres in den Niederlanden bzw. nach Vollendung des 16. Lebensjahres gewöhnlich in einem der folgenden Länder aufgehalten: Australien, Dänemark, Finnland, Island, Israel, Kanada / Quebec, Liechtenstein, Norwegen, Schweden, Schweiz?

	vom - bis	Staat

☐ nein   ☐ ja

5.4   Sind Sie Vertriebener / Spätaussiedler im Sinne des Bundesvertriebenengesetzes?

☐ nein   ☐ ja, bitte Vordruck V710 für Zeiten in Albanien, Bulgarien, Ungarn, China, Jugoslawien, der Tschechoslowakei oder deren Nachfolgestaaten,
                        Vordruck V711 für Zeiten in der Sowjetunion oder deren Nachfolgestaaten,
                        Vordruck V712 für Zeiten in Rumänien,
                        Vordruck V720 für Zeiten in Polen
                        ausfüllen und beifügen, bitte weiter bei Ziffer 6

5.5   Haben Sie Beitragszeiten und Beschäftigungszeiten in Polen zurückgelegt?

☐ nein,   bitte weiter bei Ziffer 6

☐ ja

5.5.1 Haben Sie sich am 31.12.1990 und seitdem ununterbrochen gewöhnlich in Deutschland aufgehalten?

☐ nein   ☐ ja, bitte Vordruck V720 ausfüllen und beifügen

---

6   Ersatzzeiten   **Beweismittel bitte beifügen**
(z. B. Freiheitsentzug im Beitrittsgebiet, für den der Versicherte rehabilitiert worden ist)

6.1   Haben Sie Ersatzzeiten zurückgelegt, die im Versicherungsverlauf **nicht** enthalten sind?
- betrifft nur Zeiten bis zum 31.12.1991

☐ nein   ☐ ja, bitte Vordruck V400 ausfüllen und beifügen

---

7   Anrechnungszeiten   **Beweismittel bitte beifügen**
(z. B. Krankheit, Arbeitslosigkeit, Ausbildungszeiten)

7.1   Haben Sie Anrechnungszeiten zurückgelegt, die im Versicherungsverlauf **nicht** enthalten sind?

☐ nein   ☐ ja, bitte Vordruck V410 ausfüllen und beifügen

7.2   Wurden Zeiten der Arbeitsunfähigkeit durch einen Unfall oder durch andere Personen nach dem 30.6.1983 verursacht? Soweit bereits in der Vergangenheit hierzu Angaben gemacht worden sind und kein weiterer Schadensfall vorliegt, beantworten Sie die Frage bitte mit "nein".

☐ nein,   bitte weiter bei Ziffer 8

☐ ja,   bitte Vordruck R870 ausfüllen und beifügen

7.3   Sind Schadensersatzansprüche geltend gemacht worden (z. B. bei privaten Versicherungsgesellschaften)?

	am	bei welcher Stelle

☐ nein   ☐ ja   _____
                      Aktenzeichen

---

8   Angaben zu Kindern

8.1   Haben Sie Kinder innerhalb der ersten 10 Lebensjahre erzogen, die bisher **nicht** bei Ihnen angerechnet wurden?

☐ nein   ☐ ja, bitte Vordruck V800 ausfüllen und beifügen, wenn diese Zeiten bisher bei keinem anderen Berechtigten angerechnet wurden bzw. angerechnet werden sollen

---

Abb. 3.5 (Fortsetzung)

Versicherungsnummer Kennzeichen (soweit bekannt)

8.2 Haben Sie Zeiten der nicht erwerbsmäßigen Pflege eines pflegebedürftigen Kindes bis zur Vollendung des 18. Lebensjahres - frühestens ab dem 1.1.1992 - zurückgelegt?

vom - bis

☐ nein ☐ ja

Kindschaftsverhältnis

☐ leibliches Kind / Adoptivkind ☐ Pflegekind ☐ zum Haushalt gehörendes Stiefkind

Bescheid über Pflegeleistungen ☐ ist beigefügt ☐ liegt nicht vor ☐ wird nachgereicht

9 Sonstige Angaben

9.1 Haben Sie Zeiten der Berufsausbildung (auch ohne Abschluss) zurückgelegt?

☐ nein ☐ ja, weitere Angaben nur erforderlich, wenn diese Zeiten im Versicherungsverlauf noch **nicht** als "berufliche Ausbildung" gekennzeichnet sind.

vom - bis Tag der Abschlussprüfung

Art der Berufsausbildung

vom - bis Tag der Abschlussprüfung

Art der Berufsausbildung

Nachweise ☐ sind beigefügt ☐ liegen nicht mehr vor ☐ werden nachgereicht

9.2 Haben Sie eine Anwartschaft oder einen Anspruch auf eigene Versorgung nach beamtenrechtlichen Vorschriften oder Grundsätzen oder entsprechenden kirchenrechtlichen Regelungen aus einem öffentlich-rechtlichen Dienstverhältnis oder Arbeitsverhältnis?

Versorgungsdienststelle

☐ nein ☐ ja

Aktenzeichen

Festsetzungsblatt über die ruhegehaltfähigen Dienstzeiten ☐ ist beigefügt ☐ liegt nicht vor

9.3 Beziehen oder bezogen Sie bereits eine Rente aus eigener Versicherung oder haben Sie eine solche beantragt (auch im Ausland)?

seit / bis / beantragt am Versicherungsträger (ggf. ausländischer Versicherungsträger)

☐ nein ☐ ja

Versicherungsnummer

ggf. Grund der Ablehnung

9.4 Besteht oder bestand für Sie eine Versicherung bei der Künstlersozialkasse?

vom - bis Aktenzeichen

☐ nein ☐ ja

9.5 Haben Sie auf einem Rheinschiff eine Beschäftigung oder selbständige Tätigkeit ausgeübt?

vom - bis Berufsbezeichnung

☐ nein ☐ ja

Sitz des Arbetgebers

Abb. 3.5 (Fortsetzung)

Versicherungsnummer											Kennzeichen (soweit bekannt)				

10   Dokumentenzugang für sehbehinderte Menschen

Menschen mit einer Behinderung (z. B. blinde oder sehbehinderte Menschen) haben Anspruch darauf, Dokumente in einer für sie wahrnehmbaren Form zu erhalten.

Aufgrund meiner Behinderung bitte ich darum, mir Dokumente zusätzlich in **einer** für mich wahrnehmbaren Form zuzusenden, und zwar

☐ als Großdruck

☐ in Braille (Kurzschrift)

☐ in Braille (Vollschrift)

☐ als CD (Schriftdatei / Textdatei im ".doc"-Format)

☐ als Hörmedium (Kassette)

☐ als Hörmedium (CD-DAISY Format)

11   Erklärung der Antragstellerin / des Antragstellers

Ich versichere, dass ich sämtliche Angaben in diesem Vordruck und den dazu gehörenden Anlagen nach bestem Wissen gemacht habe. Mir ist bekannt, dass wissentlich falsche Angaben zu einer strafrechtlichen Verfolgung führen können.

Während der verbleibenden Lücken habe ich keine Beitragszeiten, Ersatzzeiten, Anrechnungszeiten, Kindererziehungszeiten oder Berücksichtigungszeiten zurückgelegt. Durch meine Unterschrift bestätige ich, dass ich von den Erläuterungen zum Antrag auf Kontenklärung Kenntnis genommen habe.

_____   _____
Ort, Datum   Unterschrift der Antragstellerin / des Antragstellers

12   Anlagen

13   Bestätigung der Personenstandsdaten

Bestätigung der Personenstandsdaten des Antragstellers (Ziffer 1) es lag vor ☐ Geburtsurkunde ☐ Personalausweis	Bestätigungsfeld
☐	Stempel, Unterschrift, Datum

Abb. 3.5 (Fortsetzung)

Frage 2 Auch für Ehegatten und Verwandte gilt: Wer für andere Personen einen Antrag stellt, benötigt eine schriftliche Vollmacht (hierzu zählt auch die Vorsorgevollmacht) oder im Fall der gerichtlichen Betreuung eine Bestallungsurkunde.

Frage 3 Fehlen Beitragszeiten im Versicherungsverlauf, trägt man diese hier ein (reicht der Platz nicht aus, hilft der V 105 weiter).

Wenn Versicherte Lücken haben, die für die Deutsche Rentenversicherung ohne Bedeutung sind (zum Beispiel als Hausfrau, wegen eines Selbsterfahrungstrips im Amazonasgebiet, einer nicht rentenversicherungspflichtigen Selbständigkeit, eines Gefängnisaufenthalt etc.), erläutert man diese besser hier, um keine Rückfragen auszulösen.

Frage 4 Hier werden Sachverhalte im Beitrittsgebiet (im Wesentlichen die ehemalige DDR und Ost-Berlin) abgefragt. Wird die Frage 4.1 mit „Nein" beantwortet, springt man direkt zu Frage 5 (Die Fragen 4.2 bis 4.8 bleiben also unbeantwortet).

Frage 5 Hier werden Sachverhalte mit Auslandsberührung abgefragt. Wird die Frage 5.1 mit „Nein" beantwortet, springt man direkt zu Frage 6 (Die Fragen 5.2 bis 5.5.1 bleiben also unbeantwortet).

Frage 6 Ersatzzeiten können nur Zeiten bis zum 31.12.1991 umfassen. Sie stehen im Zusammenhang mit dem Zweiten Weltkrieg und dessen Folgen. Während die meisten Ersatztatbestände (zum Beispiel aktive Kriegsteilnahme als Soldat) in der Praxis erledigt sind, kann vereinzelt noch die Flucht aus der DDR und die sich anschließende Krankheit oder Arbeitslosigkeit als Ersatzzeit geltend gemacht werden. Falls zutreffend, ist hier noch das Formular V 400 auszufüllen.

Frage 7 Als Anrechnungszeiten werden hier meist noch nicht gespeicherte Schul-/Studienzeiten nach dem 17. Lebensjahr oder Zeiten der Schwangerschaft erfasst. Falls zutreffend, ist hier noch das Formular V 410 auszufüllen.

Frage 8.1 Hier wird nach Kindererziehung gefragt. Falls Versicherte (meist die Mutter) ein Kind erzogen haben, ist der Vordruck V 800 auszufüllen (auf dem Vordruck V 800 ist meist auch die Unterschrift des anderen Elternteils erwünscht).

Frage 8.2 Haben Versicherte ab dem 01.01.1992 ihr eigenes Kind unter 18 Jahren zu Hause gepflegt (Pflegestufe I, II oder III), so kann diese Zeit bei Vater und Mutter angerechnet werden. Der Nachweis erfolgt mit Unterlagen von der Pflegekasse.

Frage 9.1 Versicherte, die eine Lehrzeit hinter gebracht haben, sollten diese eintragen (egal, ob die Lehrzeit erfolgreich zurückgelegt wurde oder nicht). Ist die Speicherung bereits als „Pflichtbeiträge berufliche Ausbildung" markiert, sollte man die Zeit hier trotzdem nochmals eintragen und mit dem handschriftlichen Satz „Die Zeiten sind bereits richtig gespeichert und markiert" versehen. Fehlen Nachweise für die Lehre, so helfen IHK, Handwerkskammer oder ähnliche Prüfungsbehörden weiter.

Frage 9.2 Diese Frage richtet sich in der Hauptsache an Beamte. Hiermit soll vermieden werden, dass bestimmte Sachverhalte, wie zum Beispiel Grundwehrdienst, in der gesetzlichen Rentenversicherung und in der Beamtenversorgung berücksichtigt werden.

Frage 9.3 Schon mal eine Rente von der DRV aus dem Ausland erhalten?

Frage 9.4 Künstler? Dann gibt es weitere Besonderheiten im Rahmen der Künstlersozialversicherung zu klären.

Frage 9.5 Diese Frage betrifft Rheinschiffer, deren Zeiten nach dem Rheinschifferabkommen zu berücksichtigen sind.

Frage 10 Für sehbehinderte Menschen gibt es die Mitteilungen der DRV in besonderen Formaten, welche man hier auswählen kann.

Frage 11 Auf wenn Versicherte hier unterschreiben, dass sie in den verbleibenden Lücken keine weiteren rentenrechtlichen Zeiten zurückgelegt haben, wird die DRV bei Lücken nochmal nachhaken. Schließlich können diese leicht übersehen werden (vgl. Frage 4).

Frage 12 Wenn Versicherte Beweismittel vorlegen, müssen diese **im Original** oder als (kostenlose) amtlich bestätigte Fotokopie vorgelegt werden. Originale, die man mit der Post verschickt, können auf Nimmerwiedersehen verschwinden. Also Vorsicht, wenn diese unwiederbringlich sind (zum Beispiel Sozialversicherungsausweise der DDR).

Frage 13 Dieses Feld wird nur von den antragsaufnehmenden Stellen (DRV, Versicherungsamt, Versichertenälteste) ausgefüllt. Es beweist, dass die Angaben zu Frage 1 mit dem Ausweisdokument übereinstimmen.

3.3   Formularkrieg vermeiden

Ob auf Papier oder in elektronischer Form, ein Grundproblem bleibt. Da man nur zwei- oder dreimal im Leben mit der Deutschen Rentenversicherung zu tun hat, sind Ablauf und Formulierung mitunter sehr verwirrend. Die Zeit, die man am heimischen PC mit der Bekämpfung der Vordrucke verbringt, hat man besser in ein persönliches Beratungsgespräch mit der Deutschen Rentenversicherung investiert. Außerdem bekommt man dann die Formulare von den Mitarbeitern der Deutschen Rentenversicherung ausgefüllt. Das schont die eigenen Nerven.

▶ Beeindrucken Sie Ihren Kunden, indem Sie online direkt eine persönlichen Beratungstermin mit der Deutschen Rentenversicherung für ihn buchen: www. deutsche-rentenversicherung.de (dann unter „Services", „Online-Dienste", „Termin vereinbaren", „Beratungstermin buchen").

Das Beratungsgespräch und die Antragsaufnahme bei der Deutschen Rentenversicherung verlaufen garantiert erfolgreich, wenn der Versicherte richtig vorbereitet ist. Er sollte folgende Unterlagen **im Orignial** (keine Fotokopien oder Scans) mitbringen:

- gütiger Personalausweis
- ggf. Vollmacht und Personalausweis des Vollmachtgebers (auch bei Ehegatten)
- eigene Geburtsurkunde (sofern bei Geburt kein Deutscher Staatangehöriger und/oder im Ausland geboren)
- Schulzeugnisse/Studiennachweise (Studienbuch, Prüfungszeugnisse) ab dem 17. Lebensjahr
- Lehrvertrag und Gesellenbrief
- Geburtsurkunden der Kinder (Familienstammbuch)
- Wehrdienst-/Zivildienstzeitbescheinigung
- Nachweise für eventuelle Lücken (Versicherungskarten, SV-Ausweis der ehemaligen DDR etc.)
- Schwerbehindertenausweis ab 50 %

Es gilt der Grundsatz: Besser etwas zu viel mitgeschleppt, als dass man nochmal zum Service-Zentrum der Deutschen Rentenversicherung fahren muss, um Unterlagen nachzureichen.

▶ Nachweise nicht im Original per Post verschicken (Totalverlust möglich)! Besser eine „amtlich bestätigte Fotokopie" bei der Beratungsstelle der Deutschen Rentenversicherung, der Stadtverwaltung oder einem Sozialleistungsträger wie zum Beispiel Krankenkasse oder Agentur für Arbeit erstellen lassen. Für Zwecke der gesetzlichen Rentenversicherung ist dies immer kostenlos. Das Standesamt stellt Geburts-, Heirats- oder Sterbeurkunde ebenfalls kostenlos für Zwecke der Sozialversicherung aus.

Auf dem Antragsvordruck für die Kontenklärung (V 100) sollte der Kunde auf der Seite 1 handschriftlich vermerken, dass er eine Rentenauskunft wünscht (eine „Renteninformation" oder „Wartezeitauskunft" stellt immer nur die halbe Rentenwahrheit dar).

Bekommt dann ein paar Wochen später die Rentenauskunft, so hat man einen sehr fundierten Überblick darüber, welche Wartezeiten bereits erfüllt sind (und noch erfüllt werden können) und welche Rentenhöhen zu erwarten sind.

3.4 Erläuterungen zu einer Rentenauskunft

Im Folgenden werden die Ansprüche aus der gesetzlichen Rentenversicherung anhand der vorliegenden echten Rentenauskunft eines männlichen Versicherten (Jahrgang 1962) aus dem Januar 2014 erläutert. Zwischenzeitlich kann aufgrund des „Rentenpaketes" die Rentenauskunft ab Juli 2014 andere Absätze oder Formulierungen enthalten. Diese Änderungen wären aber nur marginal.

Rentenauskünfte sind immer unverbindlich. Es gilt das Rentenrecht zum Zeitpunkt des Rentenbeginns, nicht zu dem Zeitpunkt, zu dem die Zeiten zurückgelegt wurden. Rentenauskünfte werden nach dem aktuellen Rentenrecht am Tag des Drucks erteilt (in diesem Beispiel dieser echten Rentenauskunft am 28.01.2014). Rentenauskünfte, die vor dem 01.07.2014 erteilt wurden, erhalten keine Aussagen über „Mütterrente" und „Rente ab 63". Rentenauskünfte, die zwischen Juli und Dezember 2014 erstellt wurden, sind wegen eines EDV-Problems der DRV hinsichtlich der 45 Jahren in Einzelfällen sogar fehlerhaft.

Alle Rentenbeträge in der Rentenauskunft sind brutto zu verstehen. Bei Arbeitnehmern, die in der gesetzlichen Krankenversicherung versichert sind, sind noch Abzüge für Kranken- und Pflegeversicherung vorzunehmen (siehe Seite 2 der Rentenauskunft). Rentner, die freiwillig in einer gesetzlichen Krankenversicherung oder privat krankenversichert sind, erhalten einen Zuschuss zur Krankenversicherung der Rentner (nicht aber zur Pflegeversicherung).

Sofern der Versicherte rechtskräftig geschieden ist, sind die negativen bzw. positiven Auswirkungen des Versorgungsausgleichs bereits berücksichtigt.

Der Rentenauskunft ist auch regelmäßig ein „Feststellungsbescheid" beigefügt. Dieser Feststellungsbescheid dient aus formaljuristischen Zwecken der Feststellung von Zeiten. Die Versicherten können jederzeit Nachweise vorlegen (der Feststellungbescheid ist nicht in Stein gemeißelt). Nur die DRV wird (außer bei offensichtlichen Schreibfehlern) von sich aus den Inhalt des Versicherungsverlaufes, der älter als sechs Jahre zurückliegt, nicht bezweifeln (Abb. 3.6).

3.4.1 Titelseite

(1) Jede(r) Versicherte(r) sollte lebenslang nur eine Versicherungsnummer haben. Sollte der Versicherte im Versicherungsverlauf (Anlage 1 zur Rentenauskunft) Lücken entdecken, so sollte er auch die Möglichkeit erwägen, dass mehr als eine Versicherungsnummer vergeben sein könnte (Fehler bei der Schreibweise von Vornamen und Namen, Geburtsname, Geburtsort; Mehrfachnutzung bei Zwillingen etc.).

(2) Rente wegen voller Erwerbsminderung bedeutet, dass der Versicherte weniger als drei Stunden am Tag arbeiten können (mehr dazu unter Punkt D auf Seite 4 dieser Rentenauskunft).

Versicherungsnummer: 001

Deutsche Rentenversicherung

Bund

Abteilung Versicherung und Rente

Deutsche Rentenversicherung Bund · 10704 Berlin

Ruhrstraße 2, 10709 Berlin
Postanschrift: 10704 Berlin
Telefon 030 865-0
Telefax 030 865-27240
Servicetelefon 0800 100048070
www.deutsche-rentenversicherung-
bund.de
drv@drv-bund.de

Datum 28.01.2014

Rentenauskunft - kein Rentenbescheid

Sehr

mit dieser Auskunft unterrichten wir Sie
- über die Höhe einer Rente wegen voller Erwerbsminderung
- über die Höhe der Altersrente nach Erreichen der Regelaltersgrenze
  (Regelaltersrente)
- über die gespeicherten rentenrechtlichen Zeiten (s. Anlage 2)
- inwieweit die Voraussetzungen für verschiedene Rentenleistungen erfüllt sind
- über die persönlichen Entgeltpunkte (s. Anlage 6)
nach jetzigem Stand.

002 003

Die **Rente wegen voller Erwerbsminderung** würde   1.609,66 **EUR**
monatlich betragen, wenn von einem am 28.01.2014 eingetretenen Leistungsfall ausgegangen würde.

Hierbei ist zusätzlich die Zeit bis zur Vollendung des 60. Lebensjahres 004
berücksichtigt worden (Zurechnungszeit).

Die Rente wegen teilweiser Erwerbsminderung würde die Hälfte des errech- 005
neten Betrages ergeben.
Wir haben nicht geprüft, ob eine Erwerbsminderung vorliegt.

Die **Regelaltersrente**, die nach Erreichen der Regelaltersgrenze gezahlt 006
werden kann, würde **1.545,34 EUR** monatlich betragen, wenn der Berechnung
ausschließlich die bisher gespeicherten rentenrechtlichen Zeiten sowie
der bis zum 30.06.2014 maßgebende aktuelle Rentenwert zugrunde gelegt
werden. Sie erreichen die **Regelaltersgrenze am 26.11.2025.**
                                                                          007
Die Berechnung der Monatsrente ergibt sich aus der Anlage 1

Sollten für Sie bis zum Erreichen der Regelaltersgrenze Beiträge wie im 008
Durchschnitt der letzten fünf Kalenderjahre gezahlt werden, bekämen Sie
ohne Berücksichtigung von Rentenanpassungen von uns eine monatliche
Regelaltersrente von **2.242,37 EUR.**

Forms CD0000 - V001 - 08/03

Abb. 3.6 Titelseite Rentenauskunft

(3) Vom Tag des Leistungsfalles hängen die Erfüllung der Anspruchsvoraussetzungen und die Höhe der EM-Rente ab. Bei Unfällen lässt sich dieser Tag nicht verschieben. Bei Erkrankungen wird der Tag des Leistungsfalles beispielsweise am Tag der ersten Arbeitsunfähigkeit festgemacht.

(4) Das die Rente wegen Erwerbsminderung aber auch eine Abschlag von bis 10,8 % (mehr dazu unter Punkt D auf Seite 4 der Rentenauskunft) enthält, verschweigt die Rentenauskunft an dieser Stelle (siehe Erläuterung Nr. 25).

(5) Bei der Rente wegen teilweiser Erwerbsminderung können Versicherte weniger als sechs Stunden, aber mindestens drei Stunden am Tag arbeiten. Diese würde die Hälfte des der Rente wegen voller Erwerbsminderung ausmachen.

► **Alarmglocke** Wenn hier für die Rente wegen Erwerbsminderung kein Betrag dargestellt wird („Eine Auskunft über die Höhe der Rente wegen voller Erwerbsminderung kann nicht erteilt werden, weil die versicherungsrechtlichen Voraussetzungen derzeit nicht erfüllt sind."), besteht vermutlich kein Anspruch, weil in den letzten fünf Jahren nicht 36 Monate Pflichtbeiträge gezahlt worden sind. In diesem Fall sollte Rücksprache mit der Deutschen Rentenversicherung gehalten werden (eventuell erneut Antrag auf Kontenklärung?). Sollte ein Anspruch auf EM-Rente nicht bestehen oder zu erlangen sein (Minijob, Pflege etc.), muss dringend gehandelt werden: Nach der Statistik der Deutschen Rentenversicherung erkrankt rund ein Viertel eines Jahrgangs so schwer, dass eine Erwerbstätigkeit nicht mehr möglich ist. Allein 45 % der ursächlichen Erkrankungen sind auf psychische Ursachen zurückzuführen (vgl. DRV 2013a, S. 57). Hier könnte möglicherweise eine private BU-Versicherung oder zumindest eine Dread-Disease-Versicherung eine passende Antwort sein.

(6) Hier wird die Regelaltersrente berechnet, die der Versicherte nach Erreichen der Regelaltersgrenze (65 plus X Jahre) erreichen würde. Dabei wird zunächst vom heutigen Stand ohne weitere Einzahlungen ausgegangen (man sitzt bildlich auf der Parkbank und zahlt nicht weiter ein).

(7) Beginnend mit dem Geburtsjahrgang 1946 wurde die Regelaltersgrenze von 65 stufenweise auf 67 Jahre angehoben. Die Geburtsjahrgänge 1964 und jünger erreichen ihre Regelaltersgrenze mit 67 Jahren.

(8) Die Hochrechnung ist umso unwahrscheinlicher, je weiter man von der Regelaltersgrenze noch entfernt ist. Sie kann nur realistisch sein, wenn die Erwerbssituation gleichbleibend ist. Krankheit, Arbeitslosigkeit, Erziehung von Kindern oder Pflege von Angehörigen, Beförderungen oder eine Selbständigkeit sorgen dafür, dass die Hochrechnung nicht mehr stimmt.

Aus der Praxis für die Praxis
Selten wollen die Versicherten tatsächlich bis zum Erreichen ihrer Regelaltersgrenze (65 plus X Jahre) arbeiten.

Vielmehr interessieren sich die Versicherten der rentennahen Jahrgänge für Altersteilzeitregelungen oder einen Ausstieg mit 63 Jahren. Hier hilft die „normale"

Rentenauskunft auch mit Berechnungsanlagen nicht weiter. Stattdessen sollten die Versicherten einen „Antrag auf Auskunft über die Höhe der Beitragszahlung zum Ausgleich einer Rentenminderung bei vorzeitiger Inanspruchnahme einer Rente wegen Alters" (V 210) stellen.

Es ist sicherlich ganz und gar nicht sinnvoll, Geld zum Ausgleich von Rentenabschlägen in die gesetzliche Rentenversicherung zu zahlen. Letztendlich schließt man hier nur eine Wette gegen den eigenen Tod ab. Lediglich bei Ehepaaren mit einem hohen Altersunterschied von zehn Jahren und mehr kann der finanzielle Ausgleich sinnvoll sein, weil die potenzielle junge Witwe über die Witwenrente noch viele Jahre davon profitieren könnte. Mit Hilfe des Vordrucks V 210 geht es vielmehr darum zu erfahren, wie hoch denn eine Altersrente beispielsweise mit 63 Jahren und einem Abschlag von bis zu 14,4 % sein würde. Ohne Berechnung einer vorzeitig in Anspruch genommen Altersrente ist nämlich hier keine Aussage möglich. Also wird hier die nebensächliche Information zur Hauptinformation für die Planung des zusätzlichen Bedarfes im Alter (Abb. 3.7).

Seite 2 der Rentenauskunft (9) Hier finden Versicherte den Hinweis auf mögliche Rentenerhöhung in der Zukunft, leider werden viele Versicherte den Hinweis „ohne Berücksichtigung des Kaufkraftverlustes" leicht überlesen.

Aus der Praxis für die Praxis
Die Wirkung des Kaufkraftverlustes (Inflation) ist vielen Versicherten nicht bewusst. Ob Versicherte mit ihrer Rentenauskunft wirklich berechnen können, ob sie sich als Rentner noch den Besuch eines Cafés leisten können, wenn ein Kännchen Kaffee und ein Stück Kuchen 10 € kosten werden?

(10) Hier steht das Inhaltsverzeichnis, welches den Versicherten nun durch die weiteren Punkte der Rentenauskunft lotsen wird (Abb. 3.8).

3.4.2   Punkt A Rentenhöhe, KVdR/Pflege

Seite 3 der Rentenauskunft (11) Hier erfolgt der Hinweis, dass die Rentenauskünfte unverbindlich sind. Es gilt das Rentenrecht zum Zeitpunkt des Rentenbeginns. Rentenauskünfte werden also nach dem aktuellen Rentenrecht am Tag des Drucks erteilt.

(12) Erhalten Versicherte eine Unfallrente von der Berufsgenossenschaft, so beeinflusst diese die Höhe ihrer Rente aus der gesetzlichen Rentenversicherung. Begründet wird die Anrechnung der Unfallrente damit, dass der Arbeitgeber die Beiträge zur Unfallversicherung allein trägt und zusätzlich ja auch die Hälfte des Rentenversicherungsbei-

Versicherungsnummer

Seite   2

Zukünftige Anpassungen

Aufgrund zukünftiger Rentenanpassungen kann die errechnete
Regelaltersrente in Höhe von 2.242,37 EUR tatsächlich höher ausfallen.
Allerdings können auch wir die Entwicklung nicht vorhersehen. Deshalb
haben wir - ohne Berücksichtigung des Kaufkraftverlustes - zwei mögliche
Varianten für Sie gerechnet. Beträgt der jährliche Anpassungssatz 1
Prozent, so ergäbe sich nach Erreichen der Regelaltersgrenze eine
monatliche Regelaltersrente von etwa 2.520 EUR. Bei einem jährlichen
Anpassungssatz von 2 Prozent ergäbe sich eine monatliche
Regelaltersrente von etwa 2.840 EUR.

009

Hinweise zur Rente und den Anspruchsvoraussetzungen erfahren Sie in den
einzelnen Abschnitten dieser Auskunft:

A Rentenhöhe und Beiträge zur Kranken-/Pflegeversicherung
B Rentenantragstellung und Rentenbeginn
C Monate für die Wartezeit
D Rente wegen Erwerbsminderung
E Altersrenten
F Regelaltersrente
G Altersrente für schwerbehinderte Menschen
H Altersrente für langjährig Versicherte
I Altersrente für besonders langjährig Versicherte
J Hinterbliebenenrenten
K Hinweise zum Versicherungsverlauf
L Private Altersvorsorge
M Besteuerung der Alterssicherung
N Auskunft und Beratung
O Bestandteile der Rentenauskunft

010

Forms CD0000 - V001 - 08/03

Abb. 3.7 Seite 2 Rentenauskunft

Deutsche Rentenversicherung

Versicherungsnummer

Seite 3

A Rentenhöhe und Beiträge zur Kranken-/Pflegeversicherung 011

012 Die Rentenanwartschaft ist nach den aktuellen Bestimmungen errechnet
worden. Minderungen des errechneten Betrages kommen insbesondere in Be-
013 tracht, wenn Sie eine Unfallrente beziehen. Außerdem können Änderungen
bei Wechsel der derzeitigen Staatsangehörigkeit eintreten oder wenn Sie
in einen anderen Staat umziehen. Aus künftig wirksam werdenden neuen
Rechtsvorschriften oder durch die Anwendung von Vorschriften des über-
und zwischenstaatlichen Rechts können sich ebenfalls Abweichungen ergeben.
Die Rentenauskunft ist deshalb nicht rechtsverbindlich. 011

Besteht während des Rentenbezuges Krankenversicherungspflicht, sind
Beiträge zur Kranken- und Pflegeversicherung aus der Rente zu zahlen. 014
Von dem Beitrag zur Krankenversicherung haben wir die Hälfte des
Beitrages zu tragen, der sich aus der Anwendung des um 0,9
Beitragssatzpunkte verminderten allgemeinen Beitragssatzes auf die Rente
ergibt. Der verbleibende, um 0,9 Beitragssatzpunkte höhere Anteil ist
von Ihnen aufzubringen.
Bei einem Rentenbetrag von 1.545,34 EUR würde sich unter
Berücksichtigung des aktuellen allgemeinen Beitragssatzes von 15,5 % ein
von Ihnen zu tragender Anteil in Höhe von 126,72 EUR ergeben.
Bei freiwilliger oder privater Krankenversicherung kann ein Zuschuss zu
den Aufwendungen für die Krankenversicherung gezahlt werden.
Der Beitrag zur Pflegeversicherung würde 31,68 EUR (2,05 %) betragen.
Dieser Beitrag ist von Ihnen allein zu tragen.
Wenn keine Elterneigenschaft vorliegt, erhöht sich der Beitragssatz zur
Pflegeversicherung um 0,25 Beitragssatzpunkte auf 2,30 %.

Hinsichtlich der Bewertung der beitragsfreien Zeiten (Anrechnungszeiten,
Ersatzzeiten) wurde bei der Berechnung der Rentenhöhe in der
Gesamtleistungsbewertung vom Zeitpunkt des Erreichens der 015 016
Regelaltersgrenze ausgegangen.

B Rentenantragstellung und Rentenbeginn

017 Eine Rente wird nur gezahlt, wenn die Wartezeit, die persönlichen und
die besonderen versicherungsrechtlichen Voraussetzungen erfüllt sind und
ein Rentenantrag gestellt ist. Ein frühestmöglicher Rentenbeginn für
Versichertenrenten kann nur erreicht werden, wenn der Antrag innerhalb
von drei Kalendermonaten nach Erfüllung der Voraussetzungen gestellt
wird.
Bei späterer Antragstellung wird die Rente erst von dem Kalendermonat an
geleistet, in dem sie beantragt wird. Allein aus der Erfüllung der Wartezeit kann ein Rentenanspruch nicht abgeleitet werden.

C Monate für die Wartezeit 018

Für die verschiedenen Rentenarten sind unterschiedliche Wartezeiten mit
rentenrechtlichen Zeiten zu erfüllen. Alle nachfolgenden Monatsangaben
und die darauf basierenden Schlussfolgerungen für die Rentenansprüche
beruhen allein auf den bisher gespeicherten Zeiten. Beiträge, die z.B.
für das Vorjahr und das laufende Jahr schon gezahlt wurden, aber im Versicherungsverlauf noch nicht enthalten sind, wurden dabei noch nicht
mit einbezogen.
019

Forms CD0000 - V001 - 08/03

Abb. 3.8 Seite 3 Rentenauskunft

trags getragen hat. Da für die Anrechnung der Unfallrente auf die Rente von der DRV bestimmte Berechnungswerte von der Berufsgenossenschaft abgefragt werden müssen, ist eine Gesamtdarstellung in der Rentenauskunft automatisch nicht möglich (und das im Computerzeitalter). Sollte es für die Altersvorsorgeplanung des Versicherten existenziell wichtig sein, ob und wie sich die Unfallrente auf die Rente von der DRV auswirkt, so müssen Versicherte diese Auskunft formlos beantragen. Dabei müssen Versicherte mit einer längeren Bearbeitungszeit rechnen, weil vorrangig immer erst Rentenanträge bearbeitet werden und sich der interne Behördenschriftverkehr hinziehen kann.

(13) Verändern Versicherte ihre aktuelle Staatsangehörigkeit oder ziehen ins Ausland, so kann dies Folgen für die Rentenhöhe haben. Sofern Versicherte in einen Mitgliedsstaat der europäischen Union, in die Schweiz oder in einen Staat, mit dem Deutschland ein Sozialversicherungsabkommen (zum Beispiel Türkei, USA, Chile) geschlossen hat, dürfte es meist keine Probleme geben. Beim Umzug in das „vertraglose Ausland" (zum Beispiel Kenia, Iran oder Indien) kann dies Auswirkungen auf die Rentenhöhe haben. Hier hilft nur eine persönliche Beratung durch die DRV (und auch mit der gesetzlichen Krankenkasse) möglichst frühzeitig vor dem geplanten Umzug (vgl. § 114 SGB VI).

(14) Alle Rentenbeträge in der Rentenauskunft sind brutto zu verstehen. Bei Arbeitnehmern, die in der gesetzlichen Krankenversicherung versichert sind, sind noch Abzüge für die Krankenversicherung von 7,3 plus 0,9 und 1,025 % für Pflegeversicherung (ggf. zuzüglich 0,25 % Zuschlag für Kinderlose) vorzunehmen. Rentner, die freiwillig in einer gesetzlichen Krankenversicherung oder privat krankenversichert sind, erhalten einen Zuschuss zur Krankenversicherung der Rentner (nicht aber zur Pflegeversicherung) in Höhe von derzeit 7,3 %. Wie hoch die Beiträge jeweils sind, können Versicherte an dieser Stelle der Rentenauskunft ablesen. Die Subtraktion der Kranken- und Pflegeversicherungsbeiträge müssen Versicherte aber selbst vornehmen, wenn sie wissen wollen, was sie netto (vor Steuern) von ihrer Rente haben.

Hinweis Zum 1. Januar 2015 tritt das GKV-FQWG in Kraft, welches, die Beitragslast zwischen Arbeitgebern und Arbeitnehmern bzw. Deutscher Rentenversicherung und Rentenbeziehern neu verteilt. Demnach werden künftig Arbeitgeber (bzw. die DRV) und Arbeitnehmer (bzw. der KVdR-pflichtige Rentenbezieher) 7,30 % zur Krankenversicherung zahlen. Der Arbeitnehmer/Rentner trägt ggf. darüber hinaus noch einen kassenindividuellen prozentualen Zusatzbeitrag, der sich an den Einnahmen orientiert. Wer freiwillig oder privat krankenversichert ist, wird dann ab 2015 einen Zuschuss in Höhe von 7,30 % von seiner Rente erhalten und trägt die sonstigen Beitragsanteile und Beiträge zur Pflegeversicherung (der dann auch um 0,20 auf 2,25 % steigen wird) allein.

Aus der Praxis für die Praxis

Viele Witwen-/Witwer, die auch eine Altersrente beziehen bzw. noch Lohn oder Gehalt bekommen, beklagen, dass sie (obwohl sie ja doch schon für die Altersrente bzw. aus ihrem Arbeitsverhältnis heraus Kranken- und Pflegeversicherungsbeiträge zahlen) auch noch für die Hinterbliebenenrente Kranken- und Pflegeversicherung zahlen müssen. Rechtsgrundlage hierfür sind das SGB V (Krankenversicherung) und SGB XI (Pflegeversicherung), wonach die gesamten Einkünfte bis zur Beitrags-bemessungsgrenze der Krankenversicherung für die Beitragsbemessung zugrunde zu legen sind. Es geht hier also um die „wirtschaftliche Stärke" des Krankenversi-cherten und nicht (wie vielfach behauptet wird) „für einen Toten noch Kranken- und Pflegeversicherungsbeiträge zahlen zu müssen".

▶ **Alarmglocke** Die Finanzierung der privaten Krankenvollversicherung im Alter kann zum Problem werden. Der Zuschuss zur KVdR (Krankenversicherung der Rentner) orientiert sich an der Höhe der Bruttorente und nicht an den tatsäch-lichen Kosten. Ein Wechsel zurück in die gesetzliche Krankenkasse ist längstens bis zum 55. Lebensjahr möglich. Ob der Wechsel wirklich günstiger ist, hängt von den Einkommensquellen des Versicherten im Alter ab. Die gesetzliche Krankenversicherung berücksichtigt die „gesamte wirtschaftliche Leistungs-kraft" als Beitragsberechnungsgrundlage, die private Krankenversicherung orientiert sich an den vertraglich vereinbarten Leistungen.

(15) Hier erfolgt der Hinweis, dass für die Ermittlung des Gesamtzeitraums für die Bewer-tung der Zeiten, die zwar für die Rente zählen, für die man aber selbst keine Beiträge ein-gezahlt hat (zum Beispiel Fachschulbesuch, Schwangerschaftszeiten) von der Regelalters-grenze (65 plus X Monate) ausgegangen ist. Der tatsächliche Wert in der späteren Rente kann davon abweichen, weil Zeiten, die heute noch gar nicht belegt sein können (weil sie in der Zukunft liegen), für die Rentenauskunft als „Lücke" berücksichtigt werden.

(16) Sind Versicherte rechtskräftig geschieden, so werden sie an dieser Stelle darüber informiert, dass die Rentenauskunft bereits mit der Berücksichtigung des Versorgungsaus-gleiches (VAG) berechnet wurde. In der Musterrentenauskunft ist der Versicherte seit Jahr-zehnten glücklich verheiratet. Der VAG wird also hier nicht behandelt. Bei geschiedenen Versicherten gibt es noch eine Anlage 5 zur Rentenauskunft mit weiteren Berechnungen. Der Ausgleichsverpflichtete verliert dabei an Rentenhöhe, nicht aber an den Wartezeitmo-naten. Die Ausgleichberechtigte erhält mehr Rente (konkret: Entgeltpunkte), woraus nach einer bestimmten Berechnung (§ 52 SGB VI) noch zusätzliche Monate für die Wartezeit entstehen können (diese würden unter Punkt C dargestellt). Monate, die Ausgleichberech-tigte durch den VAG hinzugewonnen haben, werden aber zeitlich nicht zugeordnet und helfen somit, weder die versicherungsrechtlichen Voraussetzungen für eine Rente wegen Erwerbsminderung (Stichwort: „3 in 5"), noch die besondere Wartezeit von 45 Jahren für eine abschlagsfreie Altersrente ab 63 plus X Jahren zu erfüllen.

Aus der Praxis für die Praxis

Nichtberücksichtigung von Schulzeiten, keine pauschale Bewertung der ersten fünf Jahre als Zeit der Berufsausbildung, Mütterrente – die Liste der Rechtsänderungen (bzw. -verschlechterungen) ist lang. Welcher Scheidungsrichter hätte beispielsweise vor 2014 ahnen können, dass es die „Mütterrente" gibt? Wer geschieden ist, sollte als der Ausgleichsverpflichtete ein halbes Jahr vor dem geplanten Beginn der Altersrente nochmals den Scheidungsanwalt aufsuchen. Eventuell bringt ein Überprüfungsantrag am Ende sogar weniger Rentenverlust an den Ex-Ehegatten.

▶ **Alarmglocke** Mit einem Überprüfungsantrag kann man aber am Ende sogar noch weniger Rente haben als vorher! Der Fachanwalt für Familienrecht weist hier im vertraulichen Vier-Augen-Gespräch den richtigen Weg. Die Mitarbeiter der Deutschen Rentenversicherung beraten nicht in Fragen des Familienrechts und sind hier der falsche Ansprechpartner.

3.4.3   Punkt B Rentenantragstellung und Rentenbeginn

(17) Hier erfolgt der Hinweis, dass ein Rentenanspruch nur dann entsteht, wenn drei Dinge zusammenkommen (es reicht also nicht, nur einen Teil der Anspruchsvoraussetzungen zu erfüllen):

1. Die jeweilige Wartezeit (= Mindestversicherungszeit) muss erfüllt sein (siehe Punkt C Monate für die Wartezeit),
2. die persönlichen Voraussetzungen (u. a. das Lebensalter) müssen erfüllt sein und
3. der Rentenantrag muss gestellt sein (Rente kommt also nicht „automatisch").

Zur Erfüllung der persönlichen Voraussetzungen gehört unter anderem das Lebensalter. Nach dem Gesetz (§ 26 SGB X i. V. m. §§ 187, 188 BGB) wird das Lebensalter am Tag vor dem Tag des Ereignisses vollendet. Altersrenten beginnen immer am Monatsersten, wenn alle Voraussetzungen vor dem Monatsersten erfüllt sind: Wer am 1. April geboren ist, vollendet sein Lebensalter einen Tag vorher, also am 31. März. Die Altersrente beginnt dann auch am 1. April. Wer am 2. April geboren ist, muss wie alle anderen, die vom 2. bis 30. April geboren sind, mit dem Beginn der Rente bis zum 1. Mai warten, da er sein Lebensalter einen Tag vor dem Tag des Ereignisses vollendet.

Ein Rentenantrag kann formlos (Postkarte) gestellt werden. Dabei ist ein Antrag fristwahrend gestellt, wenn er den unzuständigen Leistungsträger nach dem SGB I (zum Beispiel Rentenantrag an die Krankenkasse) erreicht. Eine wirksame und fristwahrende Antragsstellung per E-Mail ist nicht möglich. Ein Antrag kann wirksam per Fax gestellt werden, wenn die Gegenseite ihrerseits den korrekten Empfang des Faxes bestätigt (das sind aber Ausnahmefälle). Üblicherweise sollte man drei Monate (mit rentenrechtlichen

Zeiten im Ausland: sechs Monate) vorher den Termin für die Aufnahme des Rentenantrags mit der Deutschen Rentenversicherung vereinbart haben (Terminvereinbarung per Telefon oder über die Website der Deutschen Rentenversicherung im Bereich Service möglich). Wer in den letzten fünf Jahren vor Beginn der Antragsaufnahme einen „Antrag auf Kontenklärung" (V 100) gestellt und daraufhin eine Rentenauskunft wie die vorliegende erhalten hat, kann davon ausgehen, dass die Bearbeitung seines Rentenantrags oft nicht viel mehr als ein Knopfdruck ist. Zum Rentenantrag muss man dann meist nicht viel mehr als diese Unterlagen mitbringen:

- den gültigen (!) Personalausweis/Reisepass
- Bankverbindung (IBAN und BIC)
- Steueridentifikationsnummer (siehe letzten Steuerbescheid)
- Gesundheitskarte (Krankenkassenkarte)
- Geburtsurkunde eines Kindes (wegen des Beitragszuschlags für Kinderlose in der Pflegeversicherung)

Bei der Antragsaufnahme wird seitens der Deutschen Rentenversicherung dann nur noch der Vordruck „Aufforderung zur Abgabe einer Gesonderten Meldung durch den Arbeitgeber" (R 250) an den Antragssteller ausgehändigt.

3.4.4   Punkt C Monate für die Wartezeit

(18) Das SGB VI kennt Wartezeiten von fünf („allgemeine Wartezeit"), 15, 25 (im Bereich der knappschaftlichen Rentenversicherung, hier aber nicht behandelt), 35 („große Wartezeit") und 45 („besondere Wartezeit") Jahren. Die unterschiedlichen Rentenarten setzen unterschiedlich erfüllte Wartezeiten voraus (dazu mehr unter Punkt D und E der Rentenauskunft) (Tab. 3.1).

Welche rentenrechtlichen Zeiten zählen für welche Wartezeiten?

(19) Regelmäßig werden Versicherte das laufende Kalenderjahr nicht in der Rentenauskunft dargestellt bekommen. Das letzte Kalenderjahr sollte bis spätestens Ende Mai in den Versicherungsverlauf geflossen sein. Insoweit ist die tatsächliche Rente wahrscheinlich höher. Bei den Aussagen zu den erfüllten Wartezeiten (Mindestversicherungszeiten) müssen Versicherte die bis zum Berechnungsstichtag noch fehlenden, weil noch nicht gespeicherten Monate, händisch dazu zählen. Daher kann nach der EDV-Lage eine Wartezeit technisch noch nicht, tatsächlich (wenn man die fehlenden Monate noch mit der Hand dazu zählt), aber schon erfüllt sein (Abb. 3.9).

Seite 4 der Rentenauskunft   (20) Die hier dargestellten Wartezeitmonate kann man allein nur für die „große Wartezeit" von 35 Jahren addieren, weil hier alle rentenrechtlichen Zeiten in Form von Beitragszeiten, beitragsfreien Zeiten, Ersatzzeiten und Zeiten aus einem durchgeführten Versorgungsausgleich (VAG) angerechnet werden. Bei der Ermittlung der allgemeinen Wartezeit von fünf Jahren und einer Wartezeit von 15 Jahren zählen nur Beitragszeiten, Ersatzzeiten und Zeiten aus einem durchgeführten VAG mit. Bei der besonderen Wartezeit von 45 Jahren zählen die Anrechnungszeiten und Zeiten aus dem durchgeführten VAG ausdrücklich nicht mit. Bei den Pflichtbeiträgen dürfen Zeiten aufgrund des Bezuges von Arbeitslosenhilfe bzw. Arbeitslosengeld II („Hartz IV") nicht mitzählen.

Diese Regel sind jeweils bei ab Punkt D dargestellten Wartezeiten berücksichtig.

3.4.5   Punkt D Rente wegen Erwerbsminderung

(21) Die Anspruchsvoraussetzungen für eine Rente wegen Erwerbsminderung sind mit einer Feuerversicherung vergleichbar: Für ein abgebranntes Haus kann keine Versicherung mehr abgeschlossen werden. Dies trifft sinnbildlich auch auf das Rentenrecht zu, wobei (um

Tab. 3.1 Rentenrechtliche Zeiten/Wartezeiten

	5 Jahre	15 Jahre	35 Jahre	45 Jahre
Beiträge				
Pflichtbeitragszeiten	X	X	X	X
Freiwillige Beiträge	X	X	X	–
Lohnersatzleistungen (Kranken-, Übergangs-, Verletztengeld etc.)	X	X	X	X
Arbeitslosengeld	X	X	X	X
Alg II ab 2012	–	–	X	–
Arbeitslosenhilfe/Alg II bis 2011	X	X	X	–
Minijob bis 2012[a]	–[b]	–	–	–
Minijob ab 2013	X	X	X	X
Grundwehr-/Zivildienst, BFD, FSJ, FÖJ	X	X	X	X
Kindererziehung in den ersten zwei Jahren/in den ersten drei Jahren	X	X	X	X
Ehrenamtliche Pflege	X	X	X	X
Anrechnungszeiten				
Anrechnungszeiten (Schule/studium, Krankheit, Arbeitslosigkeit)	–	–	X	–
Berücksichtigungszeiten				
Kinderberücksichtigungszeiten bis zum zehnten Geburtstag	–	–	X	X
Ehescheidung				
Versorgungsausgleich	X	X	X	–

[a] Haben Minijobber auf die Versicherungsfreiheit verzichtet („aufgestockt"), dann handelt es sich dabei um Pflichtbeiträge
[b] In einem geringen Maße wurden Wartezeitmonate auch aus einer versicherungsfreien Beschäftigung ermittelt (Komplizierte Berechnung)

Versicherungsnummer

Seite   4

020

Danach sind zu berücksichtigen:
- 402 Monate Beitragszeit
- 32 Monate Anrechnungszeit

D Rente wegen Erwerbsminderung

021

Eine Rente kann nur gezahlt werden, wenn vor Eintritt einer teilweisen
oder vollen Erwerbsminderung die Wartezeit sowie die besonderen versicherungsrechtlichen Voraussetzungen erfüllt sind. Sie wird grundsätzlich
auf Zeit geleistet und frühestens mit Beginn des 7. Kalendermonats nach
Eintritt der Erwerbsminderung gezahlt.

022

023

Die erforderliche Wartezeit von 5 Jahren mit Beitrags- und Ersatzzeiten
ist erfüllt.

024

Eine Rente wegen Erwerbsminderung wird gezahlt, wenn in den letzten 5
Jahren vor Eintritt der Erwerbsminderung mindestens 3 Jahre mit Pflicht-
beiträgen belegt sind. Bei der Ermittlung der 5 Jahre werden bestimmte
Zeiten nicht mitgezählt und verlängern somit diesen Zeitraum.

023

Bei dem der Berechnung zugrunde gelegten Rentenbeginn am 01.08.2014
kommt es zu einer Rentenminderung. Die Rente vermindert sich für jeden
Kalendermonat, für den die Rente in der Zeit vom 01.06.2020 bis
31.05.2023 in Anspruch genommen wird, um 0,3 %. Deshalb ist eine Rentenminderung von 10,8 % aus 36 Monaten zu berücksichtigen.
Bei einem anderen Rentenbeginn kann sich die Rentenminderung ändern.

025

026

Der Rentenbetrag ist unter Berücksichtigung einer **Zurechnungszeit**
von   69 Monaten ermittelt worden. Tritt der Leistungsfall nach dem
28.01.2014 ein, vermindert sich die Zurechnungszeit entsprechend. Der
Rentenbetrag mindert sich jedoch dann nicht, wenn an Stelle der Zurechnungszeit eine Beitragszeit oder Anrechnungszeit mit gleichem Wert wie
die Zurechnungszeit zu berücksichtigen ist.

027

Hinweise zum Hinzuverdienst

Eine Rente wegen verminderter Erwerbsfähigkeit kann in voller Höhe nur
geleistet werden, wenn die Hinzuverdienstgrenze nicht überschritten
wird. Maßgebend sind hierfür das Bruttoarbeitsentgelt, das
Arbeitseinkommen (Einkünfte aus Land- und Forstwirtschaft,
Gewerbebetrieb oder selbständiger Arbeit), vergleichbares Einkommen
sowie gleichgestellte Leistungen.

028

Die Hinzuverdienstgrenze für die Rente wegen voller Erwerbsminderung
beträgt zurzeit monatlich 450,00 EUR.

Wird diese Grenze überschritten, ist zu prüfen, ob die Rente wegen
voller Erwerbsminderung abhängig vom erzielten Hinzuverdienst in Höhe
von drei Vierteln, der Hälfte oder einem Viertel der vollen Rente
geleistet werden kann.

Bezogen auf den für diese Rentenauskunft angenommenen Leistungsfall
28.01.2014 ergeben sich für die anteilige Rente wegen voller
Erwerbsminderung folgende monatliche Hinzuverdienstgrenzen
in den   alten Bundesländern   neuen Bundesländern

Abb. 3.9 Seite 4 Rentenauskunft

im Bilde zu bleiben) Versicherungsschutz auch dann noch (anders als bei den privaten Versicherungen) gewährt wird, wenn das Haus schon „raucht": Vorerkrankungen führen in der gesetzlichen Rentenversicherung weder zu Leistungsausschlüssen noch zu Risikobeiträgen.

Das Vorliegen einer Schwerbehinderung erfüllt nicht das Kriterium „Erwerbsminderung". So haben beispielsweise gehörlose Menschen einen Schwerbehindertenausweis von 100 %, sind deswegen aber noch lange nicht erwerbsgemindert.

(22) Renten wegen Erwerbsminderung werden grundsätzlich auf Zeit gewährt. Sie beginnen frühestens mit dem siebten Kalendermonat nach Eintritt der Erwerbsminderung. Die Zeit vor Beginn der Zeitrente decken Entgeltfortzahlung und Krankengeld ab. Ist die Befristung medizinisch begründet, so kann sie beliebig oft bis zum Erreichen der Regelaltersgrenze wiederholt werden. Ist für die Befristung die Arbeitsmarktlage verantwortlich, so ist sie auf maximal neun Jahre begrenzt. Wer eine Rente auf Zeit erhält, für den hat die DRV noch Hoffnung auf Heilung. Wer eine Rente auf Dauer erhält, für den hat auch die DRV keine Hoffnung mehr auf Besserung des Gesundheitszustandes.

Ob man nun die Rente auf Zeit oder als Dauerrente bekommt, hat für die Höhe der Rente keine Bedeutung. Die Frage ist allenfalls für Bedürftige interessant: Wer eine Dauerrente erhält, hat Anspruch auf Grundsicherung (ohne Rückgriff auf Angehörige). Wer eine Rente auf Zeit bekommt, hat Anspruch auf Sozialhilfe (mit Rückgriff auf Angehörige).

(23) Bei den meisten Arbeitnehmerinnen und Arbeitnehmern kann man davon ausgehen, dass die allgemeine Wartezeit von fünf Jahren erfüllt ist (drei Jahre Lehre, erste Gesellenjahre). Problematisch wird die Erfüllung der allgemeinen Wartezeit bei Auszubildenden und Berufsanfängern. Hier besteht der versicherungsrechtliche Anspruch nur dann, wenn die Erwerbsminderung aufgrund bestimmter Sachverhalte (insbesondere eines Arbeitsunfalls) eingetreten ist (§ 53 SGB VI). Die DRV ist also vom ersten Tag für ihre Versicherten da. Trotzdem dürfte der „Worst Case", also ein Arbeitsunfall am ersten Arbeitstag des Lehrlings, welcher zur einer Erwerbsminderung auf Dauer führt, nicht nur eine finanzielle Katastrophe sein.

> **Beratungsansatz**
> Meist erkennen Versicherte erst um ihr 40. Lebensjahr, dass der Abschluss einer privaten Berufsunfähigkeitsversicherung sinnvoll wäre. Verständlicherweise schrecken aber viele wegen Leistungsausschlüssen und Risikozuschlägen vor einem Vertragsabschluss zurück. Daher muss es Ziel einer guten Beratung sein, zumindest die Eltern von Lehrlingen und Studenten für das Thema zu sensibilisieren. Mit dem Argument des jungen Eintrittsalters und der meist fehlenden Vorerkrankungen dürfte es kein Problem sein, eine private BU-Versicherung (noch vor den Klassikern wie Bausparverträgen, Unfallversicherung oder gar Riester-Renten) als Grundpfeiler eines umfassenden Versicherungsschutzes zu verkaufen. Die Beiträge sollten die Eltern solange übernehmen, bis das Kind die Ausbildung beendet hat und selbst in der Lage ist, die monatlichen Beiträge aufzubringen.

(24) Wenn hier der Hinweis erfolgt, dass die allgemeine Wartezeit erfüllt ist, aber auf Seite 1 der Rentenauskunft für die Renten wegen Erwerbsminderung kein Betrag ausgeworfen wird, so kann dies unter anderem folgende Ursachen haben:

- Der Versicherte ist selbständig und hat seit Jahren keine Beiträge mehr in die Rentenkasse gezahlt.
- Der Versicherte ist Beamter oder sonstige versicherungsfreie Person und hat deswegen seit Jahren keine Rentenbeiträge mehr gezahlt.
- Die Versicherte hat Kinder, für die die zehnjährige Kinderberücksichtigungszeit bislang noch nicht im Konto gespeichert ist.

▶   **Alarmglocke** Das Risiko der Erwerbsminderung gehört zu den „verdrängten Risiken". Hier muss eindringlich auf die finanziellen Folgen einer möglichen Erwerbsminderung (Kinder in Ausbildung, Immobilienfinanzierung, Kredittilgung) hingewiesen und ein „Aktionsplan" für den Fall der Fälle erarbeitet werden. Nach einer Studie der Deutschen Rentenversicherung (DRV 2012) verfügen gerade mal vier Prozent der EM-Rentner über Einkünfte aus einer privaten BU-Versicherung. Die zugegebenermaßen ketzerische Frage, ob die restlichen 96 % der EM-Rentner keine Versicherung abgeschlossen oder diese die Zahlungen aufgrund von nicht angegebenen Vorerkrankungen verweigert, beantwortet die Studie nicht. EM-Rentner sind im Vergleich zu Altersrentnern um ein Vielfaches höher gefährdet, von Altersarmut betroffen zu sein. Dies trifft insbesondere für alleinstehende EM-Rentner zu, denen ein (Ehe-)Partner fehlt, der die Einkommensverluste aufgrund der EM durch (Mehr-)Arbeit ausgleichen kann.

(25) Für jeden Monat, den die Erwerbsminderung vor dem 63. Lebensjahr eintritt, ist ein Abschlag von 0,3 % (maximal jedoch 10,8 %) zu berücksichtigen. Anders als Altersrentner haben EM-Rentner keine Möglichkeit, dem Abschlag zum Beispiel durch längeres Arbeiten auf Kosten der Gesundheit zu „entfliehen". Im Interview mit www.rentenfernsehen.de erklärte der Grünen-Rentenpolitiker Dr. Wolfgang Strengmann-Kuhn, dass der Abschlag auf EM-Renten in erster Linie die Funktion habe, „Ausweichtendenzen" von einer Altersrente mit hohen Abschlägen hin zu einer EM-Rente ohne Abschläge entgegenzuwirken (auf gut Deutsch: Kein Altersrentner mit Abschlägen sollte „einen auf krank machen", um eine Rente ohne Abschlag zu erhalten). Obwohl verschiedene Interessenverbände gegen den bis zu 10,8-prozentigen Abschlag vorgingen, fasste das angerufene Bundesverfassungsgericht am 11.01.2011 einen Beschluss, dass die Rentenabschläge verfassungskonform seien (vgl. Bundesverfassungsgericht 2011). Im politischen Raum gibt es derzeit keine Mehrheit, um die Abschläge auf EM-Renten (künftig) zurückzunehmen. Vielmehr lässt sich die große Koalition in ihrem „Rentenpaket" für die um zwei Jahre von 60 auf 62 Jahre erweiterte Zurechnungszeit feiern. Eine Folgeregelung, die man einfach bei der „Rente mit 67" (absichtlich?) vergessen hatte. Daher stimmen die Aussagen über

die EM-Rente in den Renteninformationen und Rentenauskünfte, die vor dem 01.07.2014 erteilt wurden, so nicht mehr. Sie fallen nun geringfügig höher aus.

(26) Hier findet sich die Fortführung des Hinweises von Seite 3: „Die Rentenauskunft ist nicht rechtsverbindlich". Dies bedeutet, dass im Fall des Falls die tatsächlich gezahlten Beiträge zu einem gegenüber der in der Rentenauskunft unterstellten Zurechnungszeit geringer ausfallen könnten.

(27) Wie hoch könnte eine EM-Rente schon sein, wenn die EM einen Berufsanfänger treffen würde?

Um die fehlende Beitragszahlung vom Tag des Leistungsfalles bis zum 62. Lebensjahr (Erweiterung durch das Rentenpaket von 60 auf 62 Jahre für Leistungsfälle ab Juli 2014) auszugleichen, wurde die Zurechnungszeit geschaffen. Die Bewertung dieser Zurechnungszeit ist von der sonstigen Beitragsleistung abhängig. Dabei werden die letzten vier Jahre vor Eintritt der Erwerbsminderung nicht berücksichtigt, wenn sich hierdurch ein niedrigerer Wert für die Bewertung der Zurechnungszeit ergibt. Hintergrund ist die Annahme, dass sich Erwerbsminderung in den meisten Fällen nicht durch einen Unfall einstellt, sondern schleichend, mit spürbaren Auswirkungen auf die Entgelte durch Reduzierung der Arbeitszeit, häufigem Krankengeldbezug usw. in den letzten vier Jahren. Sie werden, wenn sie niedriger ausfallen als üblich, bei der Berechnung rausgenommen.

▶   Zur Beantragung einer Rente wegen Erwerbsminderung sollten Versicherte folgende Unterlagen mitbringen:
  • den gültigen (!) Personalausweis/Reisepass
  • Bankverbindung (IBAN und BIC)
  • Steueridentifikationsnummer (siehe letzten Steuerbescheid)
  • Gesundheitskarte (Krankenkassenkarte)
  • Geburtsurkunde eines Kindes (wegen des Beitragszuschlags für Kinderlose in der Pflegeversicherung)
  • Bescheid über Schwerbehinderung (nicht nur den Ausweis)
  • ausgefüllten Vordruck „Anlage zum Rentenantrag zur Feststellung der Erwerbsminderung" (R 210). In diesem Vordruck werden Fragen zum beruflichen Werdegang, zum Krankheitsverlauf und zu den Anschriften der behandelnden Ärzte gestellt. Dies ist oft zeitraubend und kann perfekt zu Hause vorbereitet werden).

Das Geld für Atteste von Ärzten speziell für den Rentenantrag können Versicherte sich sparen. Sie kratzen oft nur an der Oberfläche („aus hausärztlicher Sicht wird eine Berentung dringend empfohlen"). Wenn die DRV mehr Informationen benötigt, wird sie sich direkt mit den Ärzten in Verbindung setzen und sie für einen ausführlichen Befundbericht bezahlen.

Widerspruch und Klage

Renten wegen Erwerbsminderung werden von der Deutschen Rentenversicherung nicht mit der Gießkanne verteilt. Die medizinischen Beeinträchtigungen müssen schon schwerwiegend sein, bis die Behörde eine teilweise oder volle Erwerbsminderung anerkennt. Es liegt in der Natur der Sache, dass medizi-

nische Sachverhalte und deren Auswirkung auf die Erwerbsfähigkeit unterschiedlich bewertet werden (getreu dem Motto „zwei Ärzte, drei Meinungen").
Medizin ist eben (anders als viele Patienten glauben) keine exakte Wissenschaft.
Wenn Versicherte mit der Ablehnung ihres Antrags auf Rente wegen Erwerbsminderung durch die DRV nicht einverstanden sind, sollten diese zeitnah
innerhalb eines Monats schriftlich Widerspruch einlegen ohne (!) diesen zu
begründen. Es reicht der Satz: *„Hiermit lege ich Widerspruch gegen den Ablehnungsbescheid vom…. ein."* Stattdessen fordert man zunächst Akteneinsicht
(§ 25 SGB X) und stellt durch Blick in die eigenen Akten so „Waffengleichheit"
mit der Behörde her. Danach können Versicherte ihren Widerspruch immer
noch zurückziehen oder begründen.

(28) Die Hinweise über die Hinzuverdienstgrenzen sind im Rahmen der Rentenauskunft
(noch) nicht „kriegsentscheidend". 450 € können als Bezieher einer EM-Rente immer
rentenunschädlich hinzuverdient werden. Wird die Grenze überschritten, so gelten für
eine Rente wegen voller Erwerbsminderung andere Hinzuverdienstgrenzen, als für die
Rente wegen teilweiser Erwerbsminderung. Das Thema Hinzuverdienst stellt sich erst im
Rentenfall. Dort können Rentner die individuell gelten Hinzuverdienstgrenzen dann der
Anlage 19 des Rentenbescheides entnommen werden (Abb. 3.10).

3.4.6 Punkt E Altersrenten

Seite 5 der Rentenauskunft (29) Eine Altersrente, die einmal einen Abschlag hat, behält
diesen auf Dauer. Dieser „verschwindet" nicht, wenn man 65 Jahre oder älter wird. Übrigens kann man den Abschlag auch nicht dadurch „löschen", dass man nach Beginn einer
Altersrente zum Beispiel für Frauen, die vor 1952 geboren sind, plötzlich einen Schwerbehindertenausweis erhält. Der Abschlag setzt sich bei den Hinterbliebenenrenten fort.
   (30) Die Abschläge können für Versicherte, die vor 1952 geboren sind, bis zu (60 Monate × 0,3 %) 18 % betragen. Versicherte, die nach 1951 geboren sind, können maximal
einen Abschlag von 14,4 % erhalten. Gleichzeitig weist die DRV darauf hin, dass der Abschlag ganz oder teilweise durch Einzahlungen ausgeglichen werden kann.

Beispiel

*Würde man im April 2014 bei einer Bruttorente von 1.500 € den Abschlag wegen vorzeitiger Inanspruchnahme von drei Jahren von (36 Monate × 0,3 %) 10,8 % in Höhe von
162,00 € ausgleichen wollen, so müsste man 42.518,27 € an die DRV zahlen (weitere
Berechnungsbeispiele können Sie der kostenlosen Broschüre „Zahlen und Tabellen der
gesetzlichen Rentenversicherung – Werte West (ohne Knappschaft)" entnehmen, welche
zweimal im Jahr auf der Homepage www.deutsche-rentenversicherung-bayernsued.de
kostenlos heruntergeladen werden kann). Dieser Betrag wäre nach (45.518,27 €/162,00 €)
281 Monaten (rund 23 Jahren) immer noch nicht wieder drin, weil Kapitalzinsverlust*

■■■ **Deutsche**
■■■ **Rentenversicherung**

Versicherungsnummer

Seite   5

```
                       und im Ausland
  - Zahlung zu 3/4:    ca. 1.920 EUR          ca. 1.750 EUR
  - Zahlung zu 1/2:    ca. 2.600 EUR          ca. 2.380 EUR
  - Zahlung zu 1/4:    ca. 3.160 EUR          ca. 2.890 EUR
```

Auch die Höhe der Rente wegen teilweiser Erwerbsminderung ist vom
erzielten Hinzuverdienst abhängig. Sie wird entweder in voller Höhe
oder zur Hälfte geleistet. Für die Rente wegen teilweiser
Erwerbsminderung ergeben sich folgende Hinzuverdienstgrenzen
```
in den                 alten Bundesländern   neuen Bundesländern
                       und im Ausland
  - volle Zahlung:     ca. 2.600 EUR          ca. 2.380 EUR
  - Zahlung zu 1/2:    ca. 3.160 EUR          ca. 2.890 EUR
```

Bei Überschreiten der für die jeweilige Rentenart geltenden höchsten
Hinzuverdienstgrenze werden die Renten wegen Erwerbsminderung nicht
geleistet.

Bestandteil der Berechnung der Hinzuverdienstgrenzen für Bezieher einer
anteiligen Rente wegen voller oder teilweiser Erwerbsminderung ist u.a.
die monatliche Bezugsgröße. Diese verändert sich regelmäßig jeweils zum
01.01. eines Jahres, so dass ab diesem Zeitpunkt andere Hinzuverdienstgrenzen gelten.

Im Laufe eines Kalenderjahres darf - ohne Folgen für die jeweilige Rentenhöhe - zweimal bis zum Doppelten der jeweils maßgebenden Hinzuverdienstgrenze verdient werden.

Wir weisen noch darauf hin, dass bei Vorliegen von Berufsunfähigkeit
auch ein Anspruch auf Rente wegen teilweiser Erwerbsminderung bis zum
Erreichen der Regelaltersgrenze gegeben sein kann, sofern die sonstigen
Voraussetzungen erfüllt sind.

E Altersrenten

Außer der Regelaltersrente, die nach Erreichen der Regelaltersgrenze
gezahlt werden kann, besteht die Möglichkeit, Altersrenten zu einem
früheren Zeitpunkt in Anspruch zu nehmen. Dies kann allerdings zu einem
Rentenabschlag führen, der sowohl für die gesamte Bezugsdauer einer   029
Altersrente als auch für eine eventuell nachfolgende
Hinterbliebenenrente bestehen bleibt.
Der Rentenabschlag beträgt für jeden Kalendermonat der vorzeitigen
Inanspruchnahme einer Altersrente 0,3 %, er kann jedoch durch eine   030
besondere Beitragszahlung zur Rentenversicherung ganz oder teilweise
ausgeglichen werden.

Voraussetzung für die Inanspruchnahme einer Altersrente ist, dass die
sonstigen persönlichen und versicherungsrechtlichen Voraussetzungen
hierfür erfüllt werden. Welche Voraussetzungen dies im Einzelnen sind
und welche Abschläge für Sie eventuell maßgebend sind, entnehmen Sie
bitte den nachfolgenden Ausführungen zu den verschiedenen Altersrenten.

Da Sie nach dem 31.12.1951 geboren sind, besteht kein Anspruch auf Al-   031
tersrente wegen Arbeitslosigkeit oder nach Altersteilzeitarbeit.

Forms CD0000 · V001 · 08/03

Abb. 3.10 Seite 5 Rentenauskunft

*und Beiträge zur Kranken-/Pflegeversicherung zu zahlen sind und außerdem die Infla-
tion zu berücksichtigen ist. So eine „Wette gegen den eigenen Tod" lohnt sich unter dem
Strich nur bei Ehepaaren mit hohem Altersunterschied von zehn Jahren und mehr, wo die
potenzielle Witwe noch von langen Zahlungen profitieren könnte.*

Wie viel man individuell einzahlen müsste, um einem Abschlag von x Prozent auszugleichen, erfährt man, wenn man den ausgefüllten Vordruck V 210 an die DRV sendet.

(31) Wer vor dem 01.01.1952 geboren ist, kann noch die Voraussetzungen für eine
Altersrente für Frauen oder eine Altersrente wegen Arbeitslosigkeit bzw. nach Altersteilzeitarbeit erfüllen.

Ob diese Voraussetzungen erfüllt sind und ob hier Vertrauensschutz besteht, kann man
der Rentenauskunft entnehmen. Auf eine tiefergehende Darstellung wird im Rahmen dieses Buches verzichtet, weil diese Versicherten zum Zeitpunkt der Veröffentlichung dieses
Buches bereits 62 Jahre und älter sind. Sollten diese Personen noch nicht in Altersrente
sein und sich tiefergehende Fragen ergeben, die sich aus der Rentenauskunft nicht beantworten lassen, wird auf die kostenlosen Beratungsmöglichkeiten durch die Deutschen
Rentenversicherung verwiesen.

Somit gibt es für jüngere Frauen, die nach 1951 geboren sind, keine besondere Altersrente mehr. Arbeitslosigkeit oder Altersteilzeit ist für nach 1951 geborene Versicherte
nicht mehr der rentenauslösende Grund (sie erfüllen die Anspruchsvoraussetzung zum
Beispiel mit der Rente für langjährig Versicherte etc.) (Abb. 3.11).

Seite 6 der Rentenauskunft (32) Bis zum Erreichen der Regelaltersgrenze (und nicht
etwa nur bis zum 65. Lebensjahr!) ist der Hinzuverdienst zu beachten. Dabei sind 450 € im
Monat immer rentenunschädlich. Überschreiten Rentner diese Hinzuverdienstgrenze, so
kürzt sich die Altersrente solange auf eine Zwei-Drittel-, Halb- oder Ein-Drittel-Teilrente,
bis die Hinzuverdienstgrenzen wieder eingehalten oder die Regelaltersgrenze erreicht ist.
Die individuellen Hinzuverdienstmöglichkeiten kann man der Anlage 19 des späteren
Rentenbescheides entnehmen.

(33) Die Teilrenten bieten in Einzelfällen (dort also, wo tarifvertragliche Regelungen
fehlen oder nicht weit genug gehen) auch die Möglichkeit, den Übergang in die Altersrente
stufenweise zu gestalten (§ 42 SGB VI). So kann das Rentnerdasein mit einer Reduzierung
auf zwei Drittel der Arbeitszeit und ein Drittel der Rente beginnen, und im Jahr vor dem
Eintritt in die Vollrente bei der Reduzierung der Arbeitszeit auf ein Drittel und einer Teilrente von zwei Dritteln enden. Diese Regelungen lassen sich nicht mit der Gießkanne über
alle interessierten Arbeitnehmer verteilen. Neben dem Auskommen mit dem Einkommen
muss auch die Integration eines „Teilzeitrentners" in den Betriebsablauf möglich sein.

Versicherungsnummer

Hinweise zum Hinzuverdienst   (032)

Eine Altersrente kann als Vollrente oder als Teilrente geleistet werden.
Die Teilrente beträgt ein Drittel, die Hälfte oder zwei Drittel der
Vollrente. Für Altersrenten nach Erreichen der Regelaltersgrenze ist ein
Hinzuverdienst grundsätzlich unbegrenzt möglich. Vor Erreichen der
Regelaltersgrenze kann eine Altersrente nur geleistet werden, wenn die
Hinzuverdienstgrenze nicht überschritten wird. Maßgebend sind hierfür
das Bruttoarbeitsentgelt, das Arbeitseinkommen (Einkünfte aus Land- und
Forstwirtschaft, Gewerbebetrieb oder selbständiger Arbeit) und
vergleichbares Einkommen.

Für die Vollrente und die Teilrente bestehen unterschiedliche Hinzuver-   (033)
dienstgrenzen. Deren Höhe ist von Werten abhängig, die sich von Kalenderjahr zu Kalenderjahr ändern. Einzelheiten zu den Hinzuverdienstgrenzen teilen wir auf Anfrage mit.

F Regelaltersrente
                                                                      (035)
Die Regelaltersrente kann gezahlt werden, wenn die Regelaltersgrenze
erreicht und die Wartezeit erfüllt ist.
                                                                      (036)
Die Wartezeit für diese Rente beträgt 5 Jahre mit Beitragszeiten und
Ersatzzeiten. Diese Wartezeit ist erfüllt.

Die Altersgrenze für diese Rente ist durch das
RV-Altersgrenzenanpassungsgesetz von 65 Jahren auf 67 Jahre angehoben   (034)
worden.

Für Versicherte der Geburtsjahrgänge 1947 bis 1963 erfolgt eine
stufenweise Anhebung dieser Altersgrenze.

Die Altersgrenze wird nicht angehoben für Versicherte, die vor dem
01.01.1955 geboren sind und vor dem 01.01.2007 mit ihrem Arbeitgeber
Altersteilzeit im Sinne des Altersteilzeitgesetzes vereinbart haben oder
die Anpassungsgeld für entlassene Arbeitnehmer des Bergbaus bezogen   (037)
haben (Vertrauensschutzregelung).

Da Sie nach dem 31.12.1954 geboren sind, findet diese
Vertrauensschutzregelung keine Anwendung.

Werden die Anspruchsvoraussetzungen für diese Rente erfüllt, ergibt sich (038)
für Sie Folgendes:
Rentenbeginn am 01.12.2025.
Eine vorzeitige Inanspruchnahme dieser Rente ist nicht möglich.

G Altersrente für schwerbehinderte Menschen   (039)

Die Altersrente für schwerbehinderte Menschen kann bei erfüllter
Wartezeit gezahlt werden, wenn das maßgebende Lebensalter erreicht ist,   (040)
bei Rentenbeginn eine Schwerbehinderung vorliegt und die
Hinzuverdienstgrenze nicht überschritten wird.

Die Wartezeit für diese Rente beträgt 35 Jahre mit Beitragszeiten,

                                                                      (041)

Forms CD0000 - V001 - 08/03

Abb. 3.11 Seite 6 Rentenauskunft

3.4.7 Punkt F Regelaltersrente

(34) Die „Regelaltersrente" ist gar nicht die Regel. Sie wird hauptsächlich von Hausfrau-
en, Beamten und Selbständigen beantragt, die nicht oder eine andere Art der Versicherung
für sich gefunden haben. Den „Malocher", der von Beginn seiner Lehrzeit bis zur Regelaltersrente durcharbeitet, kann man wie die Stecknadel im Heuhaufen suchen. Eben
weil die Regelaltersrente nicht die Regel war, hat der Gesetzgeber über die stufenweise
Anhebung der Regelaltersrente von 65 auf 67 Jahre (RV-Altersgrenzenanpassungsgesetz
aus dem Jahr 2007) Druck auf die Arbeitnehmer ausgeübt, länger zu arbeiten. Leider sind
die Arbeitsbedingungen in vielen Betrieben noch nicht so, dass ein Arbeiten auch bis 67
möglich ist (Dachdecker, Krankenschwestern etc.)

(35) Die individuelle Regelaltersgrenze kann man auf Seite 1 der Rentenauskunft (Erläuterung zu Punkt 7) ablesen.

(36) Wer automatisch eine Renteninformation erhält, hat die allgemeine Wartezeit von
fünf Jahren immer erfüllt.

(37) Hier galoppiert der Amtsschimmel: Zuerst wird lang und breit eine Vertrauens-
schutzvoraussetzung erläutert, um dann festzustellen, dass man aufgrund des Geburts-
datums gar nicht davon profitiert. Das hätte man auch schneller haben können.

(38) Hier kann der Beginn der Regelaltersrente abgelesen werden (zum Thema Rentenbeginn vergleiche Erläuterung Nr. 17).

(39) Diese Rentenart kann nicht vorzeitig (auch nicht unter Hinnahme von Abschlägen)
beansprucht werden.

▶   Bei allen Altersrenten, die nun folgen und somit vor Erreichen der Regelalters-
     grenze gewährt werden können, muss die Hinzuverdienstgrenze eingehalten
     werden.

3.4.8 Punkt G Altersrente für schwerbehinderte Menschen

(39) Für Versicherte, die ab 1951 geboren sind, hängt der Anspruch auf eine Altersrente maßgeblich davon ab, dass sie am Tag des Rentenbeginns einen Schwerbehindertenausweis vorzeigen können. Bei Versicherten, die bis 1950 geboren sind, kann entweder
ein Schwerbehindertenausweis, Berufsunfähigkeit oder Erwerbsunfähigkeit nach der bis
Ende 2000 gelten Rechtslage einen Rentenanspruch begründen.

Wer einen Schwerbehindertenausweis mit einem Grad der Behinderung von 50 % besitzt, hat einen Anspruch. Wer mehr als 50 % Schwerbehinderung hat, hat deswegen keinen höheren Anspruch. Daher gilt: Finger weg von Verschlimmerungsanträgen! Solche
Anträge können „nach hinten losgehen" und zur einer „Verschlimmböserung" (habe 50 %,
will 80 % und finde mich hinterher bei 40 % wieder) führen. Mehr als 50 % sind kein Vorteil für die Altersrenten (Abb. 3.12).

Abb. 3.12 Schwerbehinderung und Altersrente

Für das Finanzamt und die DRV gilt man solange als „schwerbehindert", wie nicht
► das letztinstanzliche Urteil über das Nicht-Vorliegen der Schwerbehinderung
rechtskräftig ist. Antragsteller sollten die Fristen auf dem Rechtsweg voll ausnut-
zen, indem sie Widerspruch und Klage möglichst erst am vorletzten Tag einreichen.
Wird der Schwerbehindertenausweis erst nach Rentenbeginn entzogen, so hat
dies keine negativen Auswirkungen auf die Rente, die Altersrente für schwerbehinderte Menschen gezahlt und nicht wegen Hinzuverdienst voll ruht (Abb. 3.13).

Seite 7 der Rentenauskunft (41) Für einen Anspruch auf Altersrente für schwerbehinderte Menschen muss die Wartezeit von 35 Jahren erfüllt sein. Auf sie werden alle rentenrechtlichen Zeiten angerechnet. Sollte die Wartezeit zum Zeitpunkt der Auskunftserteilung
noch nicht erfüllt sein, so findet sich an dieser Stelle eine Aussage darüber, wie viele
Monate noch fehlen und ob diese noch realistischerweise erfüllt werden kann. Versicherte
sollten bei der Wartezeitermittlung auch die Monate mitzählen, die schon zurückgelegt
sind, aber noch nicht im Versicherungsverlauf gespeichert sind.

(42) Auch bei schwerbehinderten Menschen wurde die Altersgrenzen stufenweise
angehoben. Ein vorzeitige Inanspruchnahme ist mit Abschlägen von bis zu $(36 \times 0,3\,\%)$
$10,8\,\%$ möglich.

(43) Hier sind der eigentliche und der frühestmögliche Rentenbeginn mit Abschlägen
dargestellt.

► Mit dem Vordruck V 210 lässt sich eine Auskunft über die Höhe der Rente mit
Abschlägen anfordern (siehe Erläuterung zu Punkt Nr. 8).

(44) Hier galoppiert wieder der Amtsschimmel: Zuerst wird lang und breit eine Vertrau-
ensschutzvoraussetzung erläutert, um dann festzustellen, dass man aufgrund des Geburtsdatum gar nicht davon profitiert. Das hätte man auch schneller haben können.

3.4.9   Punkt H Altersrente für langjährig Versicherte

(45) Die Altersrente für langjährig Versicherte wird künftig die am weitesten verbreite-
te Altersrente sein. Versicherte, die die besondere Wartezeit für eine Altersrente für besonders langjährig Versicherte nicht erfüllen, die weder einen Schwerbehindertenausweis
besitzen noch erwerbsgemindert sind, sich aber nun nicht mehr in der Lage sehen, zu
arbeiten, werden künftig die Altersrente für langjährig Versicherte unter Hinnahme von

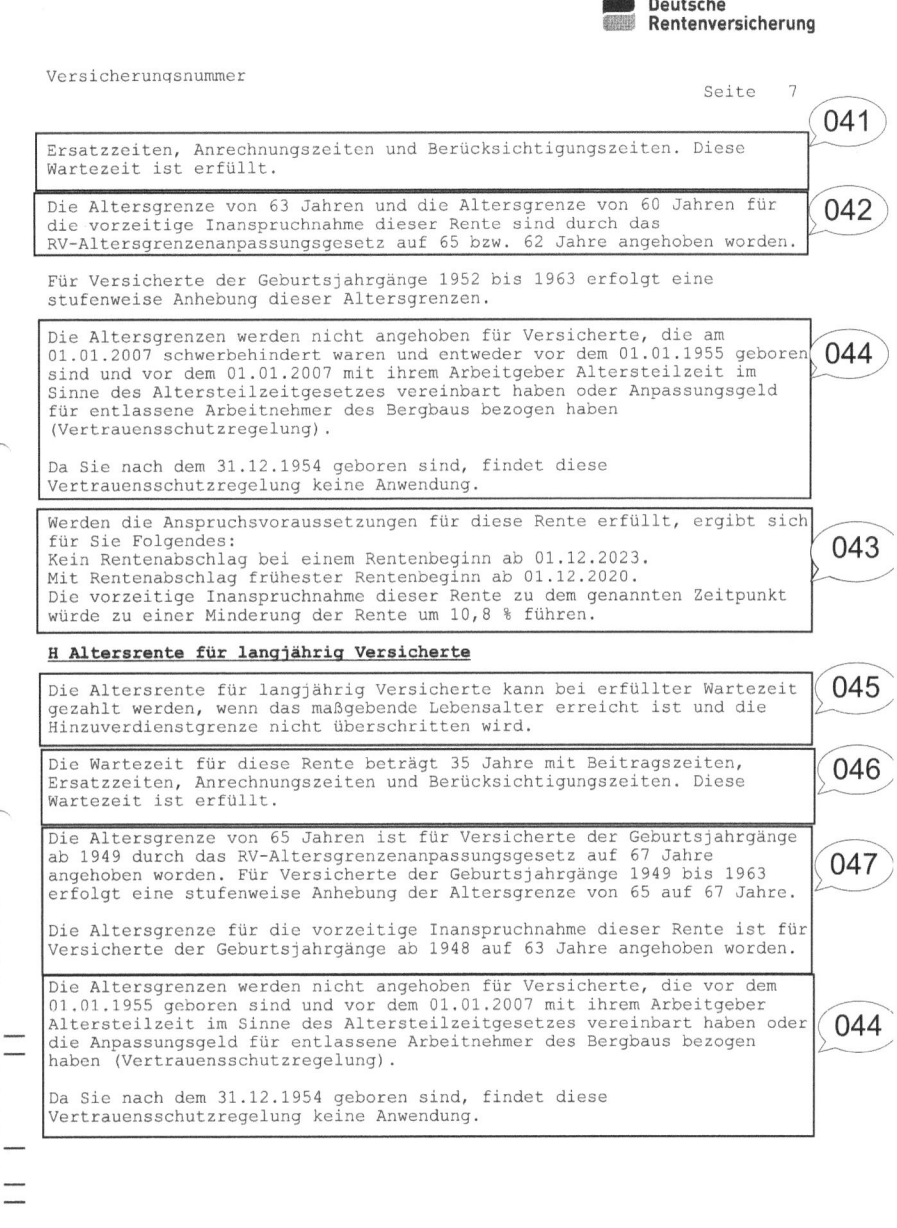

Abb. 3.13 Seite 7 Rentenauskunft

Abschlägen beantragen. Klassischerweise dürften hierzu Frauen, angestellte Lehrer genauso wie Mitarbeiter in kleinen Handwerksbetrieben zählen, die anders als ihre Kollegen in der Industrie häufiger von Arbeitslosigkeit betroffen waren und seltener die besondere Wartezeit von 45 Jahren erfüllen werden.

(46) Für einen Anspruch auf Altersrente für langjährig Versicherte muss die Wartezeit von 35 Jahren erfüllt sein. Auf sie werden alle rentenrechtlichen Zeiten angerechnet. Sollte die Wartezeit zum Zeitpunkt der Auskunftserteilung noch nicht erfüllt sein, findet sich an dieser Stelle ein Aussage darüber, wie viele Monate noch fehlen und ob diese noch realistischerweise erfüllt werden kann. Versicherte sollten bei der Wartezeitermittlung auch die Monate mitzählen, die schon zurückgelegt, aber noch nicht im Versicherungsverlauf gespeichert sind.

(47) Eine vorzeitige Inanspruchnahme der Altersrente für langjährig Versicherte ist mit Abschlägen von monatlich 0,3 % (abhängig vom Geburtsjahrgang) bis zu (48 × 0,3 % =) 14,4 % möglich (Abb. 3.14).

Seite 8 der Rentenauskunft (48) Hier sind der eigentliche und der frühestmögliche Rentenbeginn mit Abschlägen dargestellt.

▶   Mit dem Vordruck V 210 lässt sich eine Auskunft über die Höhe der Rente mit
         Abschlägen anfordern (siehe Erläuterung zu Punkt Nr. 8).

3.4.10 Punkt I Altersrente für <u>besonders</u> langjährig Versicherte

Hinweis: Haben Versicherte zuletzt vor dem 01.12.2014 oder noch nie eine Rentenauskunft erhalten, so sollten diese nun (erneut) eine Rentenauskunft beantragen, da sich die Anspruchsvoraussetzungen für Altersrente für besonders langjährig Versicherte geändert hat (und es in der zweiten Jahreshälfte 2014 in Einzelfällen noch EDV-Fehler bei der DRV insbesondere bei diesem Punkt gab).

(49) Die Altersrente für <u>besonders</u> langjährig Versicherte war (wie in der vorliegenden Rentenauskunft vom Januar 2014, die hier als Beispiel dient) an die Vollendung des 65. Lebensjahres gekoppelt (§ 38 SGB VI). Im Rahmen des „Rentenpaketes" wurde die Altersgrenze für diese Rentenart zunächst auf das 63. Lebensjahr gesenkt (§ 236b Abs. 1 SGB VI), um es gleich wieder stufenweise auf das 65. Lebensjahr anzuheben (§ 236 Abs. 2 SGB VI).

(50) Auf die besondere Wartezeit von 45 Jahren werden seit dem 01.07.2014 folgende Zeiten angerechnet:

• Zeiten mit Pflichtbeiträgen inklusive Pflichtbeiträgen wegen des Bezuges von Arbeitslosengeld (aber Ausnahme beachten, s. unten)
• Zeiten mit freiwilligen Beiträgen, wenn mindestens 18 Jahre mit Pflichtbeiträgen vorhanden sind
• Berücksichtigungszeiten
• Ersatzzeiten

Pflichtbeiträge wegen des Bezuges von Arbeitslosenhilfe oder Alg II werden nicht angerechnet (Alg II ist eine Sozialleistung nach dem SGB II. Im Volksmund wird das Alg II fälschlicherweise als „Hartz IV" bezeichnet. „Hartz IV" ist jedoch nur der Kurztitel des „Vierten

Werden die Anspruchsvoraussetzungen für diese Rente erfüllt, ergibt sich
für Sie Folgendes:
Kein Rentenabschlag bei einem Rentenbeginn ab 01.12.2025.
Mit Rentenabschlag frühester Rentenbeginn ab 01.10.2022.
Die vorzeitige Inanspruchnahme dieser Rente zu dem genannten Zeitpunkt
würde zu einer Minderung der Rente um 11,4 % führen.

I Altersrente für besonders langjährig Versicherte

Die Altersrente für besonders langjährig Versicherte kann bei erfüllter
Wartezeit gezahlt werden, wenn das 65. Lebensjahr vollendet ist und die
Hinzuverdienstgrenze nicht überschritten wird.   **049**

Die Wartezeit für diese Rente beträgt 45 Jahre mit
Pflichtbeitragszeiten, Ersatzzeiten, Monaten aus Zuschlägen an
Entgeltpunkten aus geringfügiger versicherungsfreier Beschäftigung und
Berücksichtigungszeiten. Pflichtbeitragszeiten aufgrund des Bezuges von
Arbeitslosengeld, Arbeitslosengeld II und Arbeitslosenhilfe werden
nicht berücksichtigt. Diese Wartezeit ist derzeit mit 402 Monaten nicht
erfüllt, es fehlen noch 138 Monate.   **050**

Werden die Anspruchsvoraussetzungen für diese Rente erfüllt, ergibt
sich für Sie Folgendes: **051**
Rentenbeginn am 01.10.2024.   **052**
Eine vorzeitige Inanspruchnahme dieser Rente ist nicht möglich.

J Hinterbliebenenrenten   **053**
054

Die Wartezeit für die Renten wegen Todes beträgt 5 Jahre mit Beitragszeiten und Ersatzzeiten. Diese Wartezeit ist erfüllt.

Witwenrente erhält Ihre Ehegattin aus Ihrem Versicherungskonto, wenn Sie
im Zeitpunkt des Todes mit ihr rechtsgültig verheiratet sind.   **055**
Seit dem 01.01.2005 haben auch überlebende Partner einer Eingetragenen
Lebenspartnerschaft Anspruch auf eine Witwenrente. Die folgenden
Hinweise zur Witwe bzw. zum Ehegatten und der Heirat gelten für die
Eingetragene Lebenspartnerschaft entsprechend.
Die Witwenrente kann als große oder kleine Hinterbliebenenrente gezahlt
werden. Ein Anspruch auf große Witwenrente besteht u.a., wenn die Witwe
das 45. Lebensjahr vollendet hat oder ein minderjähriges Kind erzieht   **056**
oder für ein behindertes Kind sorgt oder vermindert erwerbsfähig ist.
Für Todesfälle nach dem 31.12.2011 wird die Altersgrenze von 45 Jahren
schrittweise auf das 47. Lebensjahr angehoben.

Die Witwenrente orientiert sich an der Rente wegen voller Erwerbsminderung in Höhe von 1.609,66 EUR. Bis zum Ende des dritten Kalendermonats
nach dem Tod wird die Witwenrente in dieser Höhe gezahlt.   **057**

Die Anspruchsvoraussetzungen für Witwenrenten sowie deren Höhe sind
sowohl vom Heiratsdatum als auch vom Geburtsdatum des Ehepartners
abhängig. Die jeweilige Rentenhöhe können Sie den nachfolgenden
Ausführungen entnehmen:

Forms CD0000 - V001 - 08/03

Abb. 3.14 Seite 8 Rentenauskunft

Gesetz für moderne Dienstleistungen am Arbeitsmarkt", mit dem das Alg II in das SGB II geschrieben wurde). Auch Pflichtbeitragszeiten wegen Arbeitslosengeld in den letzten zwei Jahren vor Rentenbeginn zählen nicht mit. Grund hierfür ist, dass durch die Nicht-Anrechnung der Arbeitslosigkeit in den letzten zwei Jahren vor Rentenbeginn verhindert werden soll, dass Arbeitgeber und Arbeitnehmer ein Arbeitsverhältnis nur deswegen beenden, um so dem Arbeitnehmer einen Übergang in die Rente über den Umweg des Arbeitslosgeldes zu ermöglichen. Aber auch hiervor gibt es wiederrum eine Ausnahme: Ist die Arbeitslosigkeit unverschuldet, weil der Arbeitgeber insolvent ist oder seinen Geschäftsbetrieb eingestellt hat, dann wird die Arbeitslosigkeit in den letzten zwei Jahren doch mitgezählt.

▶   Wer Alg II bezieht, kann daneben zulässigerweise einen Minijob ausüben. Auch wenn das Entgelt bei Überschreiten bestimmter Grenzen (§ 11b SGB II) zum Teil auf das Alg II angerechnet wird, so bleibt doch unter dem Strich der Vorteil, dass hierdurch Pflichtbeiträge (vgl. Ausführungen zu § 6 SGB VI) zur Rentenversicherung gezahlt werden. Auch die Pflichtbeiträge aus einem rentenversicherungspflichtigen Minijob werden bei der Prüfung der Wartezeit von 45 Jahren mitgezählt.

▶   Wer Alg II bezieht, sollte möglichst zusätzlich einen rentenversicherungspflichtigen Minijob ausüben.

Diese Altersrente kann nicht vor der angehobenen Altersgrenze beantragt werden (auch nicht mit Abschlägen). Folglich bedeutet dies für die Geburtsjahrgänge 1964 und jünger in der Regel: abschlagsfrei vor 65 geht nicht.

(51) Hier kann der Beginn der Altersrente für besonders langjährig Versicherte abgelesen werden (zum Thema Rentenbeginn vergleiche Erläuterung Nr. 17).

(52) Diese Rentenart kann nicht vorzeitig (auch nicht unter Hinnahme von Abschlägen) beansprucht werden. Es reicht also nicht aus, bereits die Wartezeit von 45 Jahren erfüllt zu haben, man muss auch die entsprechende Altersgrenze (63 plus X Jahre) erreichen.

3.4.11   Punkt J Hinterbliebenenrenten

(53) Wie man anhand der Rentenauskunft sehen kann, ist es für die DRV kein Problem, die Höhe der Hinterbliebenenrentenansprüche darzustellen. Warum sie dies nicht in der alljährlichen Renteninformation tut, ist ein behördliches Mysterium. Wenn die alljährliche Renteninformation dazu beitragen soll, für das Alter vorzusorgen, dann gehört hierzu auch eine vernünftige Risikoabsicherung der Familie im Fall des Todes.

(54) Wer jedes Jahr eine Renteninformation erhält, hat die allgemeine Wartezeit von fünf Jahren immer erfüllt.

(55) Ehefrauen und Ehemänner sind seit 1986 auch in der gesetzlichen Rentenversicherung gleichberechtigt, haben also gegenseitig einen Anspruch auf Witwen-/Witwerrente. Dies gilt nicht, wenn die Eheleute bis zum 31.12.1988 eine entsprechende Erklärung ab-

gegeben haben, dass für sie das Hinterbliebenenrecht in der Fassung bis zum 31.12.1985 weitergelten soll (§ 303 SGB VI). Dann hätte der Ehemann nur Anspruch auf Witwerrente, wenn die Ehefrau den Unterhalt der Familie überwiegend bestritten hat. Dies gilt auch für die hinterbliebenen Lebenspartner nach dem Lebenspartnerschaftsgesetz („Homo-ehe"). Verheiratet ist man Sinne des Gesetzes so lange, wie die Ehe oder die eingetragene Lebenspartnerschaft nicht geschieden, aufgehoben oder für nichtig erklärt wurde. Somit besteht also auch im laufenden Scheidungsverfahren ein Anspruch auf W-Rente. Der An-spruch besteht so lange, wie der hinterbliebene Ehegatte nicht erneut heiratet. In diesem Fall wird die W-Rente mit dem 24-fachen Monatsbetrag abgefunden (§ 107 SGB VI). Der Antrag ist formlos bei der Deutschen Rentenversicherung unter Beifügung der neuen Heiratsurkunde im Original zu stellen.

(56) Witwen-/Witwerrenten werden in kleine oder große Witwen-/Witwerrenten unter-schieden. Darüber hinaus findet eine Unterteilung danach statt, ob das alte oder das neue Hinterbliebenenrecht Anwendung findet.

> Neues Recht (§ 46 SGB VI) gilt immer dann, wenn die Ehe nach dem 31.12.2001 geschlossen wurde. Dies gilt unabhängig davon, wie alt die Eheleute bei der Ehe-schließung waren. Bestand die Ehe am 01.01.2002 und beide Ehegatten sind nach dem 01.01.1962 geboren, so wird ebenfalls neues Recht angewandt. Das neue Recht gilt auch dann, wenn geschiedene Eheleute einen zweiten Versuch wagen, und nach dem 31.12.2001 erneut eine Ehe mit demselben Partner eingehen. Altes Recht (§ 242a SGB VI) greift dann, wenn wenigstens ein Ehegatte vor dem 02.01.1962 geboren ist und die Ehe vor dem 01.01.2002 geschlossen wurde.

Egal ob altes oder neues Hinterbliebenenrecht: Die Altersgrenze, die für die Erlangung der großen Witwen-/Witwerrente gilt, wird stufenweise von 45 auf 47 Jahre verschoben. Entscheidend ist das Todesjahr des Versicherten. So besteht beispielsweise ein Anspruch auf große W-Rente im Jahr 2014 ohne weitere Voraussetzungen, wenn der hinterbliebene Ehegatte mindestens 45 Jahre und drei Monate alt ist.

Vor Erreichen der in Tab. 3.2 aufgeführten Altersgrenze wird eine große W-Rente nur gezahlt, wenn der hinterbliebene Ehegatte ein eigenes Kind oder ein Kind des verstorbe-nen Ehegatten erzieht (die Erziehung ist mit dem 18. Lebensjahr des Kindes beendet) oder selbst erwerbsgemindert (altes Hinterbliebenenrecht auch BU oder EU) ist.

Liegen die Voraussetzungen für eine große W-Rente nicht vor, so wird kleine W-Rente gezahlt.

(57) Im sogenannten „Sterbevierteljahr" (das sind die ersten drei Kalendermonate nach dem Tod) wird die W-Rente in Höhe der Rente wegen voller Erwerbsminderung gezahlt, ohne dass hierauf Einkommen angerechnet wird. Ab dem vierten Kalendermonat wird eigenes Einkommen auf die W-Rente angerechnet, die den Freibetrag übersteigt. Berech-nungsgrundlage für die W-Rente ist die Rente wegen voller Erwerbsminderung, welche

Tab. 3.2 Anhebung der Altersgrenze für eine große W-Rente

Todesjahr des versicherten	Anhebungum monate	Jahr	Monat
2012	1	45	1
2013	2	45	2
2014	3	45	3
2015	4	45	4
2016	5	45	5
2017	6	45	6
2018	7	45	7
2019	8	45	8
2020	9	45	9
2021	10	45	10
2022	11	45	11
2023	12	46	0
2024	14	46	2
2025	16	46	4
2026	18	46	6
2027	20	46	8
2028	22	46	10
Ab 2029	24	47	0

der Verstorbene bekommen hätte oder die volle Erwerbsminderungsrente bzw. Altersrente (mit den darin evtl. enthaltenen Abschlägen), die der Verstorbene bekam.

▶   Verstirbt ein Rentenbezieher, so erhält der hinterbliebene Ehegatte durch einen Antrag an die Deutsche Post Rentenservice das Sterbevierteljahr in einer Summe sofort ausgezahlt (www.rentenservice.com). Die formelle Antragsstellung bei der Deutschen Rentenversicherung ist dann innerhalb von drei Monaten nachzuholen (Abb. 3.15).

Seite 9 der Rentenauskunft (58) Keine Kinder unter 18 Jahren, die noch erzogen werden? Keine Erwerbsminderung oder BU/EU? Dann wird solange die kleine W-Rente gezahlt, bis die Anspruchsvoraussetzungen für die große W-Rente erfüllt sind (spätestens bei Erreichen der Altersgrenze 45 plus X Jahren wird von Amts wegen die kleine in die große W-Rente umgewandelt; § 116 Abs. 3 Satz 2 SGB VI). Die kleine W-Rente macht 25 % und die große W-Rente nach altem Recht 60 % aus.

Die genannten Rentenbeträge sind brutto zu verstehen. Außerdem kann der Zahlbetrag nach Einkommensanrechnung niedriger oder sogar gleich Null sein.

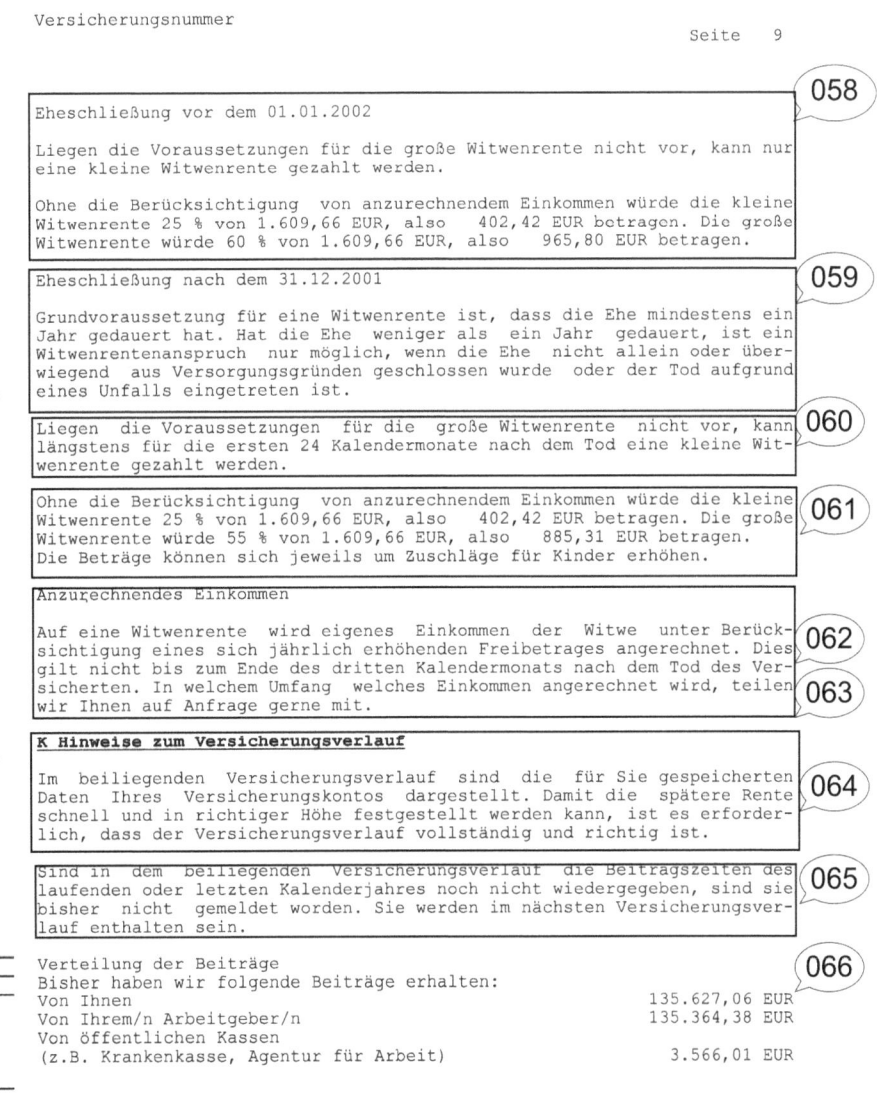

Deutsche Rentenversicherung

Versicherungsnummer

Seite 9

058

Eheschließung vor dem 01.01.2002

Liegen die Voraussetzungen für die große Witwenrente nicht vor, kann nur eine kleine Witwenrente gezahlt werden.

Ohne die Berücksichtigung von anzurechnendem Einkommen würde die kleine Witwenrente 25 % von 1.609,66 EUR, also 402,42 EUR betragen. Die große Witwenrente würde 60 % von 1.609,66 EUR, also 965,80 EUR betragen.

059

Eheschließung nach dem 31.12.2001

Grundvoraussetzung für eine Witwenrente ist, dass die Ehe mindestens ein Jahr gedauert hat. Hat die Ehe weniger als ein Jahr gedauert, ist ein Witwenrentenanspruch nur möglich, wenn die Ehe nicht allein oder überwiegend aus Versorgungsgründen geschlossen wurde oder der Tod aufgrund eines Unfalls eingetreten ist.

060

Liegen die Voraussetzungen für die große Witwenrente nicht vor, kann längstens für die ersten 24 Kalendermonate nach dem Tod eine kleine Witwenrente gezahlt werden.

061

Ohne die Berücksichtigung von anzurechnendem Einkommen würde die kleine Witwenrente 25 % von 1.609,66 EUR, also 402,42 EUR betragen. Die große Witwenrente würde 55 % von 1.609,66 EUR, also 885,31 EUR betragen. Die Beträge können sich jeweils um Zuschläge für Kinder erhöhen.

Anzurechnendes Einkommen

062

Auf eine Witwenrente wird eigenes Einkommen der Witwe unter Berücksichtigung eines sich jährlich erhöhenden Freibetrages angerechnet. Dies gilt nicht bis zum Ende des dritten Kalendermonats nach dem Tod des Versicherten. In welchem Umfang welches Einkommen angerechnet wird, teilen wir Ihnen auf Anfrage gerne mit.

063

K Hinweise zum Versicherungsverlauf

064

Im beiliegenden Versicherungsverlauf sind die für Sie gespeicherten Daten Ihres Versicherungskontos dargestellt. Damit die spätere Rente schnell und in richtiger Höhe festgestellt werden kann, ist es erforderlich, dass der Versicherungsverlauf vollständig und richtig ist.

065

Sind in dem beiliegenden Versicherungsverlauf die Beitragszeiten des laufenden oder letzten Kalenderjahres noch nicht wiedergegeben, sind sie bisher nicht gemeldet worden. Sie werden im nächsten Versicherungsverlauf enthalten sein.

066

Verteilung der Beiträge
Bisher haben wir folgende Beiträge erhalten:
Von Ihnen   135.627,06 EUR
Von Ihrem/n Arbeitgeber/n   135.364,38 EUR
Von öffentlichen Kassen
(z.B. Krankenkasse, Agentur für Arbeit)   3.566,01 EUR

Forms CD0000 · V001 · 08/03

Abb. 3.15 Seite 9 Rentenauskunft

(59) W-Rente gibt es nach neuem Recht nur, wenn die Ehe mindestens ein Jahr angedauert hat. Eine Eheschließung auf dem Sterbebett führt also nicht mehr zum Anspruch auf W-Rente. Wenn die Ehe kein Jahr angedauert hat, dann muss zusätzlich zum Antrag auf W-Rente (R 500) auch noch der Antrag R 505 ausgefüllt werden. In diesem werden Gründe gesucht, die beweisen, dass der überwiegende Zweck der Eheschließung nicht die Versorgung mit der W-Rente war. Solche Gründe sind nach den Umständen des Einzelfalles:

- Tod durch Unfall
- unbekannte (!) Erkrankung, die zum Tod führt (zum Beispiel Hirnschlag)
- Pflege durch den Ehegatten
- gemeinsame Kinder/Erziehung von Kindern des anderen Ehegatten
- Schwangerschaft
- Nachholung einer Eheschließung vor dem Standesbeamten, die nach deutschem Recht nicht anerkannt wurde (im Ausland oder rein religiöse Eheschließungen)

(60) Besteht kein Anspruch auf große W-Rente nach neuem Recht (Lebensalter 45 plus X Jahre noch nicht erreicht, keine Kindererziehung, keine Erwerbsminderung), so fällt die W-Rente nach 24 Monaten weg. Der Anspruch auf große W-Rente kann dann später entstehen, wenn die Voraussetzungen erfüllt sind (spätestens mit Erreichen des Lebensalters 45 plus X Jahren).

(61) Während die kleine W-Rente nach neuem Recht genauso hoch wie die Rente nach altem Recht ist, gibt es bei der großen W-Rente einen Unterschied: Statt 60% werden nur noch 55% gezahlt. Werden Kinder unter 18 Jahren erzogen, so erhöht sich der Betrag noch um einen Zuschlag.

(62) Auf die W-Rente wird eigenes Einkommen angerechnet, welches den Freibetrag übersteigt. Die Einkommensanrechnung und die jeweiligen Grenzen können dem Bescheid über die W-Rente entnommen werden. Seit dem 01.07.2014 beträgt die Einkommensgrenze monatlich im Westen 755,30 € und im Osten 696,70 €. Sie verändern sich mit jeder Rentenanpassung zum 01.07. eines jeden Jahres. Während bei W-Renten nach altem Recht in der Hauptsache Erwerbseinkommen und Erwerbsersatzeinkommen angerechnet werden (Löhne, eigene Renten und ähnliches), werden bei W-Renten nach neuem Recht zusätzlich auch Einkünfte aus Vermietung, Verpachtung und Kapitalvermögen angerechnet (die Vordrucke R 680, R 681 und R 682 fragen detailliert nach den Vermögenswerten). Zwischen den Finanzämtern und der Deutschen Rentenversicherung gibt es über die Steueridentitätsnummer einen regen Datenaustausch (§ 21 Abs. 4 SGB X) über die gemeldeten Kapitaleinkünfte.

(63) Leider schweigt sich die Rentenauskunft über die Waisenrente aus. Das wird sicherlich daran liegen, dass Rentenauskünfte „von Amts wegen" erst an Versicherte jenseits des 55. Lebensjahres verschickt werden. Wer aber als Elternteil wissen will, ob seine Kinder im Fall des eigenen verfrühten Ablebens richtig abgesichert sind, tappt im Dunkeln.

Halbwaisenrente macht 10% und Vollwaisenrente 20% (zuzüglich der Verrechnung aus der Rentenversicherung des anderen Elternteiles) von dem aus, was der Verstorbene als Rente wegen voller Erwerbsminderung erhalten hätte. Ein kurzer Blick auf Seite 1 der

Rentenauskunft und die Ernüchterung tritt ein. Im vorliegenden Fall würde die Halbwaisenrente also gerade am 160,97 € brutto betragen. Unterstellt man dann auch noch die Zahlung einer Witwenrente von 965,80 €, müssten Witwe und Waise mit 1.126,77 € brutto (vor Einkommensanrechnung) klar kommen. Wer den Einkommensverlust durch den Tod des Ehegatten nicht mit eigener Arbeitskraft ausgleichen kann, ist ein Fall für das Sozialamt.

Aus der Praxis für die Praxis
Eltern (Mutter und Vater) minderjähriger Kinder sollten jeweils zum Abschluss einer Risikolebensversicherung beraten werden (Aus steuerlichen Gründen sollte Versicherungsnehmer und versicherte Person überkreuzt sein). Die Risikolebensversicherung sollte pro Elternteil (auch für Hausfrauen) und pro Kind das Drei- bis Fünffache des Jahresnettoeinkommens, mindestens aber 100.000 € betragen. Empfehlenswert ist eine Laufzeit bis zum möglichen Ende der Berufsausbildung des Kindes. Sinn und Zweck dieser speziell für die potenzielle Waisen gedachte Risikolebensversicherung ist nicht (!) die Absicherung von Immobilien- oder Konsumkrediten, sondern der finanzielle Ausgleich von „Serviceleistungen" des verstorbenen Elternteils. So muss der überlebende Elternteil (mehr) arbeiten und deswegen haushaltsnahe Dienstleistungen einkaufen oder die (Halb-)Waise benötigt Nachhilfe und/oder therapeutische Unterstützung, weil sie durch den Tod des Elternteils aus der Bahn geworfen wurde.

Auch das „Stiefkind" der gesetzlichen Rentenversicherung wird hier nicht dargestellt: die Erziehungsrente. Sie ist zwar eine Rente wegen Todes, wird aber nicht aus der Versicherung des Verstorbenen, sondern aus der Versicherung des überlebenden Ex-Ehegatten gezahlt. Die Voraussetzungen dafür im Einzelnen lauten:

1. Scheidung nach dem 30.06.1977
2. Tod des Ex-Ehegatten
3. Erziehung eines Kindes unter 18 Jahren
4. keine Wiederheirat des überlebenden Ex-Ehegatten
5. Erfüllung der allgemeinen Wartezeit bis zum Tod des Ex-Ehegatten durch den überlebenden Ex-Ehegatten

Geschiedene Ex-Ehegatten können keine Witwen-/Witwerrente für sich beanspruchen, weil sie zum Zeitpunkt der Scheidung nicht rechtsgültig miteinander verheiratet waren. Tatsächlich gibt es unter komplizierten Voraussetzung eine Witwen-/Witwerrente für „unechte Witwen/Witwer", jedoch nur in den Fällen, in denen die Ehe bis zum 30.06.1977 geschieden wurde. Vor dem 01.07.1977 gab es noch das „Verschuldensprinzip" und keinen Versorgungsausgleich (§§ 243, 243a SGB VI). Hier hilft im Einzelfall eine Beratung durch die DRV weiter. Sinn und Zweck der Erziehungsrente ist es, den durch den Tod des Ex-Ehegatten weggefallenen Unterhaltsanspruch zu ersetzen.

Die Anspruchsvoraussetzungen dürften relativ leicht zu erfüllen sein, da die allgemeine Wartezeit durch Kindererziehung und Versorgungsausgleich sicherlich erfüllt ist. Als „Knackpunkt" stellt sich in der Praxis lediglich die Wiederverheiratung dar. Der überlebende Ex-Ehegatte darf niemals wiedergeheiratet haben, sonst hat er keinen Anspruch auf Erziehungsrente.

Die Erziehungsrente mindert die Ansprüche auf die spätere Altersrente nicht. Die Höhe der Erziehungsrente entspricht der Höhe der Rente wegen voller Erwerbsminderung. Auf die Erziehungsrente wird eigenes Einkommen angerechnet, welches den Freibetrag überschreitet.

Es ist in wenigen Einzelfällen durchaus möglich, dass die DRV den möglichen Anspruch auf Erziehungsrente übersieht, wenn vordergründig die Ex-Ehefrau/der Ex-Ehemann lediglich für die Waise eine Halbwaisenrente beantragt. Normalerweise darf man davon ausgehen, dass die DRV von sich aus auf den Anspruch auf Erziehungsrente hinweist.

> Eltern sollten immer (dies gilt insbesondere auch für allein sorgeberechtigte Elternteile) ein „Elterntestament" (Sorgerechtsverfügung nach § 1776 BGB) aufsetzen, mit dem sie regeln, wer (richtig gelesen: nicht was) das minderjährige Kind bei vorzeitigem Versterben aller Erziehungsberechtigten „erben", sprich als Vormund eingesetzt, werden soll. Die Sorgerechtsverfügung ist praktischerweise Bestandteil des Testaments. Für das Abfassen der Sorgerechtsverfügung gelten die gleichen Formvorschriften wie für Testamente (handschriftlich mit Ort, Datum und eigener Unterschrift versehen oder vor einem Notar errichtet).

3.4.12   Punkt K Hinweise zum Versicherungsverlauf

(64) Es gibt auf der ganzen Welt nur eine Person, die weiß, ob der Versicherungsverlauf vollständig ist: der Versicherte selbst! Versicherte sollten die Eintragungen im Versicherungsverlauf mit den ihnen vorliegenden Unterlagen (Versicherungskarten, Meldungen zur Sozialversicherung, Sozialversicherungsausweis der DDR etc.) vergleichen. Sollten Versicherte Lücken feststellen, so können Arbeitgeber, die Einzugsstelle (Krankenkasse) und Sozialleistungsträger behilflich sein. Jedoch arbeiten die Aufbewahrungsfristen gegen die Versicherten: Arbeitgeber (10 Jahre), Einzugsstelle (30 Jahre) oder Sozialleistungsträger (5 Jahre nach Ende des Leistungsbezug) heben Unterlagen nicht ewig auf. Die Beweislast, dass Versicherte tatsächlich Beiträge zur Rentenversicherung gezahlt haben, liegt bei den Versicherten.

(65) Welche Zeiträume bereits gespeichert sind, können Versicherte dem Versicherungsverlauf (letzte Seite der Anlage 2 zur Rentenauskunft) entnehmen. Das letzte Kalenderjahr ist meist nur dann gespeichert, wenn die Rentenauskunft im Mai oder später im Jahr erstellt wurde.

(66) Was der Versicherte mit der Aussage anfangen soll, wie viel Geld er schon in die gesetzliche Rentenversicherung gezahlt hat, bleibt ein behördliches Mysterium. Da eine

Auszahlung nicht möglich ist, bleibt allenfalls der böse Gedanke „Ach hätte ich das ganze Geld doch lieber in eine private Lebensversicherung gesteckt" (in dem vorliegenden
Beispiel sind es in Summe derzeit 274.557,45 €, die der Versicherte mit seinem Arbeitgeber und den öffentlichen Kassen in die gesetzliche Rentenversicherung gezahlt hat) oder
sonstige Konsumwünsche des Versicherten. Eine Beitragserstattung (§ 210 SGB VI) ist
nur dann möglich, wenn u. a. die allgemeine Wartezeit von fünf Jahren noch nicht erfüllt
ist. Wer eine Renteninformation oder -auskunft erhalten hat, scheidet also als Kandidat für
eine Beitragserstattung aus.

Aber: „Wer bei der gesetzlichen Rentenversicherung auf die Rendite schaut, schaut
in die falsche Richtung". Tatsächlich bescheinigt die Stiftung Warentest (vgl. o. V. 2008,
S. 31) der gesetzlichen Rentenversicherung eine positive Rendite (abhängig vom Geburtsjahrgang) von zwei bis vier Prozent. Dabei darf man nicht vergessen, dass in den Beiträgen der gesetzlichen Rentenversicherung auch Risikoanteile für Leistungen zur Teilhabe
(medizinische und berufliche Rehabilitation), Erwerbsminderung und Renten wegen Todes stecken (vgl. DRV 2013b; Abb. 3.16).

3.4.13   Punkt L Private Altersvorsorge

Seite 10 der Rentenauskunft (67) Die Träger der Deutschen Rentenversicherung dürfen
nicht konkret über private Altersvorsorge beraten. Sie haben lediglich eine Wegweiserfunktion, „soweit sie dazu im Stande sind" (§ 15 Abs. 4 SGB I). Damit bleibt der überforderte
Verbraucher allein im Dschungel von mehreren hundert Anbietern und ihren Produkten.
Klarheit sollte die Aktion „Altersvorsorge macht Schule" bringen, an der sich unter anderem das Bundesministerium für Arbeit und Soziales, die DRV und die Volkshochschulen
beteiligt haben. Die dazu gehörige Internetseite www.altersvorsorge-macht-schule.de ist
inzwischen vom Netz genommen. Offenbar hat sich der erhoffte Erfolg nicht eingestellt.
Zu wenige Bürger hatten Interesse daran, in zwölf Unterrichtsstunden an ihrer VHS in
Verbraucherkompetenz gestärkt zu werden. Jedoch bietet die DRV Vorträge zur privaten
Altersvorsorge an, die die Verbraucherkompetenz stärken, ohne Empfehlungen für einen
Anbieter und deren Produkten zu geben. Auch der Vortragsdienst „Geld und Haushalt"
des Deutschen Sparkassen- und Giroverbandes schafft Grundlagen in Verbraucherfragen
(www.geld-und-haushalt.de), ohne spezielle Werbung für die Sparkasse als Anbieter zu
machen.

Wer ein Produkt (und dessen staatliche Förderung) nicht versteht, kauft es auch nicht.
Hier liegt es an dem fachkundigen (!) Berater, für seine Kunden das richtige Riester-
Renten-Produkt zu finden. Wie aber Dr. Annabel Oelmann von der Verbraucherzentrale
NRW im Interview mit Rentenfernsehen.de vom 23.02.2012 bestätigt, geht der vernünftige Umgang mit Geld und die Absicherung vor existenzbedrohenden Risiken immer noch
vor Abschluss eines Riester-Renten-Vertrages.

Versicherungsnummer

Seite 10

L Private Altersvorsorge  067

Ein Kernstück der Rentenreform 2001 ist die staatliche Förderung des Aufbaus einer zusätzlichen Altersvorsorge.

> Die zusätzliche Altersvorsorge ist freiwillig. Sie entscheiden selbst, ob Sie die Förderung in Anspruch nehmen und welche Vorsorgeform Sie wählen.

> Gefördert werden die zertifizierten Produkte der privaten Vorsorge sowie bestimmte Formen der betrieblichen Altersversorgung.

> Die Förderung kann nur in Anspruch nehmen, wer zum anspruchsberechtigten Personenkreis gehört, z. B. weil er in der gesetzlichen Rentenversicherung pflichtversichert ist. Ob Sie förderberechtigt sind, erfahren Sie von Ihrem Rentenversicherungsträger.

> Die staatliche Förderung besteht aus Zulagen bzw. in der Berücksichtigung der Beiträge im Rahmen eines Sonderausgabenabzugs.

M Besteuerung der Alterssicherung 068

Seit Jahresbeginn 2005 ist die steuerrechtliche Behandlung von Aufwendungen für die Altersvorsorge einerseits - also beispielsweise der Rentenversicherungsbeiträge - und der sich daraus ergebenden Alterseinkünfte andererseits - hier insbesondere der Renten aus der gesetzlichen Rentenversicherung - neu geregelt worden. Beitragszahler können ihre Rentenversicherungsbeiträge als Sonderausgaben bis zu einem Höchstbetrag absetzen, zunächst anteilig und ab 2025 voll. Dies führt im Laufe der Jahre zu einer steigenden Entlastung der Beitragszahler. Im Gegenzug werden Renten in Abhängigkeit vom Jahr des Rentenbeginns stärker und ab dem Rentenzugang 2040 voll steuerpflichtig.

N Auskunft und Beratung 069

Sollten Sie zu dieser Auskunft weitere Erläuterungen wünschen, stehen Ihnen die Auskunfts- und Beratungsstellen der Deutschen Rentenversicherung, unsere Versichertenberater, die örtlichen Versicherungsämter und die Stadt- und Gemeindeverwaltungen für eine kostenlose Beratung zur Verfügung.

Für weitere Informationen und Erläuterungen zu dieser Rentenauskunft steht Ihnen auch unser Servicetelefon: **0800 100048070** kostenlos von Montag bis Donnerstag von 07:30 Uhr bis 19:30 Uhr und Freitag von 07:30 Uhr bis 15:30 Uhr sowie unser Internetangebot unter **"www.deutsche-rentenversicherung-bund.de"** zur Verfügung.

Forms CD0000 - V001 - 08/03

Abb. 3.16 Seite 10 Rentenauskunft

3.4.14   Punkt M Besteuerung der Alterssicherung

(68) Das Steuerrecht ist ein sehr weites Feld. Hierzu sollte man die DRV besser nicht befragen, zumal Steuern naturgemäß auch nicht zu den Kernkompetenzen der Deutschen Rentenversicherung gehören. Fragen zum Steuerrecht beantworten Steuerberater, Lohnsteuerhilfevereine und das Finanzamt. Unter dem Strich bleibt aber der Merkspruch: „Ich zahle gern Steuern!" Wer im Alter künftig Steuern zahlen muss, hat alles richtig gemacht im Leben. Der, der keine Steuern zahlt, ist „Kunde" beim Grundsicherungsamt oder droht es bald zu werden.

3.4.15   Punkt N Auskunft und Beratung

(69) Die DRV bietet (neben der telefonischen Beratung) persönliche und kostenlose Beratung in ihren Auskunfts- und Beratungsstellen/Service-Zentren, über die Versicherungsämter und ihre Versichertenältesten (Versichertenberater) an. Wer die Wahl hat, geht am besten direkt zu einem Service-Zentrum der Deutschen Rentenversicherung. Die hauptamtlichen Mitarbeiter haben per Computer direkt Zugriff auf die im Versicherungskonto gespeicherten Daten und sicherlich einen kurzen Draht zum Sachbearbeiter, der die Akte bearbeitet. Versicherungsämter arbeiten der Deutschen Rentenversicherung zu und sind eher im ländlichen Raum zu finden. Dabei kann es durchaus sein, dass die Mitarbeiter auch noch mit anderen Aufgaben betraut sind, als Fragen des Rentenrechts zu klären. Versichertenälteste (von der DRV Bund auch Versichertenberater genannt) kommen aus der Ecke der Arbeitgeberverbände und Gewerkschaften und üben ihre Tätigkeit ehrenamtlich aus.

Gern verdienen auch selbständige Rentenberater (wie Steuerberater) oder Fachanwälte für Sozialrecht am Beratungsgeschäft (anders als die DRV) Geld mit. Wenn es „hart auf hart" kommt oder Klageverfahren zu begleiten sind, sind sie die richtigen Ansprechpartner. In der Vielzahl der „Normalfälle" ist man bei den Mitarbeitern der Deutschen Rentenversicherung aber (kostenlos) richtig aufgehoben.

▶   Zu Beratungsgesprächen mit der Deutschen Rentenversicherung sollten Versicherte möglichst eine Begleitperson mitnehmen. Das hat nichts mit Misstrauen gegenüber den Mitarbeitern der Deutschen Rentenversicherung zu tun, sondern hilft, die erhaltenen Informationen zu Hause auch richtig einzusortieren. Vier Augen und Ohren erfassen und behalten eben mehr als zwei (Abb. 3.17).

3.4.16   Punkt O Bestandteile der Rentenauskunft

Seite 11 der Rentenauskunft (70) Hier wird aufgeführt, welche Berechnungsanlagen der Rentenauskunft beigefügt sind. Um es kurz zu machen: Das Entscheidende für die spätere

**Deutsche
Rentenversicherung**

Versicherungsnummer

Seite   11

(070)

O Bestandteile der Rentenauskunft

Folgende Berechnungsanlagen sind für Sie von Bedeutung und beigefügt:

```
        1      =       Berechnung der Monatsrente
        2      =       Versicherungsverlauf
        3      =       Entgeltpunkte für Beitragszeiten
        4      =       Entgeltpunkte für beitragsfreie und
                       beitragsgeminderte Zeiten
        6      =       Persönliche Entgeltpunkte
```

Mit freundlichen Grüßen
Ihre Deutsche Rentenversicherung Bund

Forms CD0000 · V001 · 08/03

Abb. 3.17 Seite 11 Rentenauskunft

richtige Rentenhöhe ist der Versicherungsverlauf (Anlage 2). Die sonstigen Anlagen dienen nur dazu, den Rechenweg zu erläutern (Tab. 3.3).

Man kann davon ausgehen, dass die Computer der Deutschen Rentenversicherung die
Grundrechenarten durchaus beherrschen. Ein manuelles Nachrechnen von Additionen,
Subtraktionen, Multiplikationen und Divisionen in den Anlagen 3 bis 20 kann man sich
sparen (Abb. 3.18).

3.4.17   Anlage 1 der Rentenauskunft

(71) Die Rentenformel (§ 64 SGB VI) für die Bruttorente lautet:

$$\underbrace{EP \times Zf} \times Raf \times aRw$$

Persönliche Entgeltpunkte

Tab. 3.3 Anlagenverzeichnis

Anlage 1	Berechnung der Monatsrente (Das Inhaltsverzeichnis für die folgenden Anlagen)
Anlage 2	Der Versicherungsverlauf (als Dreh- und Angelpunkt für die Richtigkeit der berechneten Rentenansprüche)
Anlage 3	Entgeltpunkte für Beitragszeiten (für die Arbeitsjahre und Zeiten der Kindererziehung)
Anlage 4	Entgeltpunkte für beitragsfreie und beitragsgeminderte Zeiten (beispielsweise für Anrechnungszeiten wegen Schwangerschaft/Mutterschutz etc.)
Anlage 5	Auswirkungen des Versorgungsausgleichs (Scheiden tut weh)
Anlage 6	Persönliche Entgeltpunkte (hier werden die ermittelten Entgeltpunkte aus den Anlage den anderen Anlagen zusammengetragen und mit dem Zugangsfaktor multipliziert)
Anlage 9	Zusatzleistungen aus der Höherversicherung (Beiträge zur Höherversicherung konnten nur bis 1991 noch gezahlt werden)
Anlage 10	Zuordnung (glaubhaft gemachte Zeiten bzw. FRG-Zeiten)
Anlage 12	Zusammenstellung der Tätigkeiten für den Leistungszuschlag (knappschaft-liche Rentenversicherung)
Anlage 13	Entgeltpunkte für ständige Arbeiten unter Tage (knappschaftliche Rentenversicherung)
Anlage 14	Entgeltpunkte für verdrängte deutsche freiwillige Beiträge
Anlage 20	Zuschläge an Entgeltpunkten aus geringfügiger versicherungsfreier Beschäfti-gung (Minijobs seit dem 01.04.1999 ohne „Opting in")

**Deutsche
Rentenversicherung**

```
Versicherungsnummer                          Anlage  1, 28.01.2014
                                             Seite   1
```

```
Diese Anlage soll Ihnen zeigen, wie die Altersrente berechnet wird.
Sie soll außerdem ein Wegweiser zu den weiteren Anlagen dieser Auskunft
sein.
```

Berechnung der Monatsrente

```
Der Monatsbetrag der Rente ergibt sich, wenn                          071
- die persönlichen Entgeltpunkte,
- der Rentenartfaktor und
- der aktuelle Rentenwert
mit ihrem Wert im Zeitpunkt der Auskunftserteilung miteinander
vervielfältigt werden.
```

```
Auf der Grundlage der im Versicherungsverlauf - Anlage 2 - aufgeführten
Zeiten errechnen sich die persönlichen Entgeltpunkte aus den
Entgeltpunkten
- für Beitragszeiten - Anlage 3 -,
- für beitragsfreie und beitragsgeminderte Zeiten - Anlage 4 -
sowie dem Zugangsfaktor - Anlage 6 -.
```

```
Die Rente wird aus folgenden Werten ermittelt:
```

```
Die persönlichen Entgeltpunkte betragen
- Anlage 6 -                                 54,9163
```

```
Der Rentenartfaktor für die Altersrente ist    1,0
```

```
Der aktuelle Rentenwert beträgt monatlich    28,14 EUR
```

```
Daraus ergibt sich eine Rente von                1.545,34 EUR
```

Forms CD0000 - V001 - 08/03

Abb. 3.18 Anlage 1 Rentenauskunft

Entgeltpunkte (EP; § 70 SGB VI) beschreiben den Wert des individuellen Verdienstes zum Durchschnittsverdienst aller in der gesetzlichen Rentenversicherung Versicherten desselben Kalenderjahres. Haben Versicherte genau so viel verdient wie der Durchschnitt, dann erhalten sie dafür 1,0000 EP (= 100 %). Bei Teilzeittätigkeit entsprechend weniger (0,xxxx EP); haben Versicherte mehr als der Durchschnitt verdient, kann dies (begrenzt auf die jeweilige Beitragsbemessungsgrenze) bis zu 2,xxxx EP pro Jahr bringen (Anlage 3 der Rentenauskunft).

Darüber hinaus erhalten Sie für beitragsfreie Zeiten im Rahmen der Gesamtleistungsbewertung (§§ 72 ff SGB VI, Anlage 4 der Rentenauskunft) noch Entgeltpunkte zugewiesen (zum Beispiel für Zeiten der Schwangerschaft/Mutterschutz). Der Wert hängt von der sonstigen Beitragsleistung ab. Wer viel eingezahlt hat, bekommt auch „viel" für die beitragsfreien Zeiten als Entgeltpunkten zugewiesen.

Der **Zugangsfaktor** (Zf; § 77 SGB VI) ist immer 1,0; vorausgesetzt, die Versicherten gehen nicht vorzeitig in Rente oder arbeiten über ihre Regelaltersgrenze (65 plus X Monate) hinaus weiter. Nehmen Versicherte diese vorzeitig mit Abschlag in Anspruch, so vermindert sich der Zugangsfaktor um 0,003 pro Monat (= 0,3 % Abschlag). Arbeiten Versicherte über die Regelaltersgrenze hinaus, so erhalten sie für jeden Monat eine Erhöhung um 0,005 (= 0,5 % Zuschlag).

Beispiel

Statt mit 66 Jahren geht der Versicherte bereits mit 63 Jahren in die Altersrente für langjährig Versicherte. Wegen vorzeitiger Inanspruchnahme mindert sich der Zugangsfaktor 1,0 um $36 \times 0,003 = 0,1080$ auf 0,892.

Das Produkt aus Entgeltpunkten und Zugangsfaktor wird als „persönliche Entgeltpunkte" (pEP) bezeichnet (§ 66 SGB VI).

Der **Rentenartfaktor** (Raf; § 67 SGB VI) bestimmt das Sicherungsziel der Rente. Er ist bei Renten wegen Alters, bei der Erziehungsrente und im Sterbevierteljahr immer 1,0. Bei der Rente wegen voller Erwerbsminderung ist er 1,0, bei Rente wegen teilweiser EM 0,5. Die kleine W-Rente erhält den Zugangsfaktor 0,25, die große W-Rente 0,55 (altes Recht: 0,6). Die Halbwaisenrente hat den Zugangsfaktor 0,1, die Vollwaisenrente 0,2.

Für die Statistik wird dem Altersrentner Hans Mustermann unterstellt, er habe in seinem Erwerbsleben 45,0000 persönliche Entgeltpunkte erzielt.

Der **aktuelle Rentenwert** (aRw; §§ 68–69 SGB VI) bestimmt den Wert der persönlichen Entgeltpunkte. Dabei wird er auch noch 24 Jahre nach der Wiedervereinigung für Ost- und Westdeutschland immer noch getrennt ermittelt.

Der aktuelle Rentenwert beträgt seit dem 01.07.2014 28,61 € (West) bzw. 26,39 € (Ost). Die ab Juli 2015 und später gültigen Werte kann man meist ab April der Website des Bundesministeriums für Arbeit und Soziales (www.bmas.de) entnehmen.

Normalerweise folgt der aktuelle Rentenwert der Bruttolohnentwicklung in Deutschland. Darüber hinaus wirkt die Entwicklung des Beitragssatzes, der Nachhaltigkeitsfaktor, die „Riester-Treppe" (zur allgemeinen Dämpfung des Rentenanstiegs) und die Schutzklausel („Rentengarantie") auf die Ermittlung des aRw. Die Rentengarantie (§ 68a SGB VI) verhindert ein Absinken der Renten, wenn die Bruttolohnentwicklung rückläufig ist, bremst aber gleichzeitig den Anstieg der Renten bei steigenden Bruttolöhnen, weil zunächst nicht weitergegebene Rentenkürzungen verrechnet werden.

Da sich auch die Beitragssatzentwicklung auf den aktuellen Rentenwert auswirkt, führt die zum 01.01.2014 nicht weitergegebene Beitragssatzsenkung (Beitragssatzgesetz 2014) von 18,9 auf 18,3 % künftig dazu, dass alle Rentenanpassungen um 0,8 % geringer ausfallen werden. Damit finanzieren also auch die Rentenbezieher die Segnungen durch die „Mütterrente" mit (Abb. 3.19).

3.4.18   Anlage 2 (Versicherungsverlauf)

(72) Der Versicherungsverlauf ist der Dreh- und Angelpunkt der gesamten künftigen Rentenberechnung. Fehlen hier rentenrechtliche Zeiten, gibt es Zahlendreher oder falsche Markierungen, ist die berechnete Höhe falsch. Die Anlagen, in denen die Ermittlung von Entgeltpunkten aufgezeigt werden (Anlage 3, 4, und 6), sind quasi nichts anderes als das „Rechenprogramm", welches mit dem Versicherungsverlauf (Anlage 2) „gefüttert" wird. Auf den Abdruck der Berechnungsanlagen in diesem Buch wurde verzichtet. Die DRV bietet für interessierte Laien hierzu die Broschüre „Rente – So wird sie berechnet" und das Seminar „Rentenkurs für Anfänger" bzw. „Rentenkurs für Fortgeschrittene" an (Anmeldung über www.deutsche-rentenversicherung.de und dann: Services → Kontakt & Beratung → Beratung → Vorträge & Seminare → Vortragsarten.). Versicherte sollten daher nur den Versicherungsverlauf genauestens prüfen.

(73) Der Versicherungsverlauf beginnt bei vielen Versicherten mit den Schulzeiten ab dem 17. Geburtstag, es sei denn, es wurde schon vor dem 17. Geburtstag eine rentenversicherungspflichtige Beschäftigung oder eine Lehre ausgeübt. Dann beginnt der Versicherungsverlauf entsprechend früher.

(74) Schul- und Studienzeiten werden ab dem 17. Geburtstag bis zu einer Höchstdauer von acht Jahren (= 96 Monate) gespeichert. Übergangszeiten zwischen zwei Schulausbildungen, zwischen Schule und Lehre sowie zwischen Schule und Grundwehrdienst/Zivildienst sind gleichfalls Schul- und Studienzeiten, wenn die „unabwendbare Lücke" in der Regel nicht kleiner als fünf Kalendermonate ist (wie beim Anspruch auf Kindergeld auch). Übergangszeiten zwischen dem Ende einer Lehre und dem Beginn einer weiteren (Fachhoch- oder Hoch-) Schulausbildung gelten nicht als Übergangszeit.

**Deutsche
Rentenversicherung**

Versicherungsnummer   Anlage   2, 28.01.2014
                                                             Seite   1

(072)

**Versicherungsverlauf
zur Rentenauskunft vom 28.01.2014**

In der nachfolgenden Aufstellung sind die im Versicherungskonto gespeicherten Daten aufgeführt, die zur Feststellung und Erbringung von Leistungen erheblich sind.

Allgemeine Rentenversicherung
(073) enversicherung der Angestellten -   (074)

	27.09.76-30.04.78		20 Mon.	Schulausbildung
	01.05.78-24.05.78		1 Mon.	Schulausbildung
	25.05.78-31.05.78			Schulausbildung
				Übergangszeit
	01.06.78-31.08.78		3 Mon.	Schulausbildung
				Übergangszeit
DÜVO	01.09.78-31.12.78	2.660,00 DM	4 Mon.	Pflichtbeitragszeit (075)
				berufliche Ausbildung
DÜVO	01.01.79-31.12.79	8.584,00 DM	12 Mon.	Pflichtbeitragszeit
				berufliche Ausbildung
DÜVO	01.01.80-09.06.80	4.617,00 DM	6 Mon.	Pflichtbeitragszeit
				berufliche Ausbildung
	01.09.80-31.03.81		7 Mon.	Hochschulausbildung
				nicht abgeschlossen
DÜVO	01.04.81-31.12.81		9 Mon.	Pflichtbeitragszeit (076)
				Wehrdienst, Zivildienst
DÜVO	01.01.82-30.06.82		6 Mon.	Pflichtbeitragszeit
				Wehrdienst, Zivildi (077)
	01.07.82-26.07.82		1 Mon.	Hochschulausbildung
				nicht abgeschlossen
DÜVO	01.08.82-31.12.82	11.128,00 DM	5 Mon.	Pflichtbeitragszeit
DÜVO	01.01.83-31.12.83	28.519,00 DM	12 Mon.	Pflichtbeitragszeit
DÜVO	01.01.84-31.12.84	32.210,00 DM	12 Mon.	Pflichtbeitragszeit
DÜVO	01.01.85-31.12.85	42.253,00 DM	12 Mon.	Pflichtbeitragszeit
DÜVO	01.01.86-31.12.86	39.380,00 DM	12 Mon.	Pflichtbeitragszeit (078)
SVN	01.01.87-31.12.87	42.972,00 DM	12 Mon.	Pflichtbeitragszeit
SVN	01.01.88-31.12.88	45.645,00 DM	12 Mon.	Pflichtbeitragszeit
SVN	01.01.89-31.12.89	48.592,00 DM	12 Mon.	Pflichtbeitragszeit
SVN	01.01.90-30.09.90	36.511,00 DM	9 Mon.	Pflichtbeitragszeit
DÜVO	01.10.90-31.12.90	15.630,00 DM	3 Mon.	Pflichtbeitragszeit
DÜVO	01.01.91-31.12.91	77.985,00 DM	12 Mon.	Pflichtbeitragszeit
DÜVO	01.01.92-31.12.92	81.600,00 DM	12 Mon.	Pflichtbeitragszeit
DÜVO	01.01.93-31.12.93	86.400,00 DM	12 Mon.	Pflichtbeitragszeit
DÜVO	01.01.94-31.12.94	91.200,00 DM	12 Mon.	Pflichtbeitragszeit
DÜVO	01.01.95-31.12.95	93.600,00 DM	12 Mon.	Pflichtbeitragszeit
DÜVO	01.01.96-19.02.96	13.067,00 DM	2 Mon.	Pflichtbeitragszeit
	höchstens	13.066,67 DM		Beitragsbemessungsgrenze
DÜVO	20.02.96-31.12.96	82.667,00 DM	10 Mon.	Pflichtbeitragszeit
DÜVO	01.01.97-31.12.97	98.400,00 DM	12 Mon.	Pflichtbeitragszeit

Forms CD0000 - V001 - 08/03

Abb. 3.19 Anlage 2 Rentenauskunft

(75) Die Lehrzeit muss als „Pflichtbeitragszeit berufliche Ausbildung" gekennzeichnet sein. Im Rahmen der Rentenberechnung gibt es dann hierfür einen Zuschlag. Der Nachweis erfolgt in Form von Lehrvertrag und Gesellenbrief, Kaufmanngehilfenbrief oder einem ähnlichen Prüfungsnachweis (Prüfungsnachweise verloren? Die Handwerkskammern, IHK etc. helfen für Zwecke der Rentenversicherung kostenlos weiter, sofern man seinerzeit zur Prüfung angetreten ist).

(76) Fehlt der Nachweis für den Grundwehrdienst, so hilft ein Blick in den Wehrpass. Meist schlummert dort im hinteren Teil noch die „Wehrdienstzeitbescheinigung (rosa)" neben der „Hundemarke". Ansonsten helfen die Bundeswehr oder das Bundesamt für den Zivildienst weiter.

(77) Der Besuch der Fachhochschule oder Hochschule muss nicht erfolgreich gewesen sein, um als Anrechnungszeit anerkannt zu werden.

(78) Hier hilft ein Abgleich mit den Versicherungsnachweisen wie Aufrechnungsbescheinigung, Durchschlag aus dem Sozialversicherungsheft (Westdeutschland), Sozialversicherungsausweis der DDR (gelb, später grün) oder den Meldungen zur Sozialversicherung.

Bei Kindererziehung muss darauf geachtet werden, dass die Kindererziehungszeiten (zwei Jahre bis 1991, drei Jahre ab 1992) und die zehnjährige Kinderberücksichtigungszeiten richtig gespeichert sind.

Minijobs werden erst ab dem 01.04.1999 im Versicherungsverlauf markiert. Davor spielten sie für die Rentenversicherung keine Rolle. Sind sie als „geringfügige nicht versicherungspflichtige Beschäftigung" markiert, so spielen sie für die spätere Rente (fast) keine Rolle. Entweder hat der Versicherte bis 31.12.2012 den Verzicht auf die Versicherungsfreiheit nicht schriftlich gegenüber seinem Arbeitgeber erklärt (Opting in) oder ab 01.01.2013 schriftlich auf die Versicherungspflicht verzichtet (Opting out).

Literatur

Bundesverfassungsgericht. (2011). Kürzung der Erwerbsminderungsrenten auch bei Rentenbeginn vor dem 60. Lebensjahr verfassungsgemäß, Pressemitteilung Nr. 17/2011. http://www.bverfg.de/pressemitteilungen/bvg11-017.html. Zugegriffen: 18. Feb. 2011.

DRV. (2012). DRV-Schrift Band 99: Sozioökonomische Situation von Personen mit Erwerbsminderung" November 2012 – kostenlos bestellbar per E-Mail an bestellservice@drv-bund.de. Zugegriffen: 6. Okt. 2014.

DRV. (2013a). Deutsche Rentenversicherung in Zahlen 2013. http://www.deutsche-rentenversicherung.de/cae/servlet/contentblob/238692/publicationFile/61815/01_rv_in_zahlen_2013.pdf. Zugegriffen: 6. Okt. 2014.

DRV. (2013b). Rendite der gesetzlichen Rentenversicherung (5. Aufl.).

o. V. (2008). Ein Plus bleibt immer. *Finanztest*, Heft 07.

Bruttorenten zu Nettorenten 4

4.1 Krankenversicherung der Rentner KVdR

Es ist durchaus sinnvoll, sich frühzeitig mit dem Themenkomplex „KVdR" auseinander-zusetzen. Denn neben den Steuern sind Krankenkassenbeiträge nicht unerheblich beim späteren Rentenbezug. In der KVdR wird zwischen pflichtversicherten und freiwillig ver-sicherten Mitgliedern unterschieden. Der Pflichtversicherte zahlt im Rentenbezug nur auf einen Teil der Einkünfte Beiträge, wobei freiwillig Versicherte auf alle Einnahmen im Rentenbezug Beiträge zahlen. Somit hat die Art der Mitgliedschaft entscheidenden Ein-fluss auf die Beitragsermittlung. Der freiwillig Versicherte zahlt auf die privaten Renten, auf eventuelle Mieteinnahmen und auf Zinseinkünfte seine Beiträge, während der Pflicht-versicherte nur auf die gesetzliche Rente Beiträge entrichtet. Das alles passiert im Rah-men gleicher Leistungen im Rentenbezug. Die Einkünfte im Alter sind somit wesentlich entscheidender als der jeweilige Krankenkassenbeitrag (Abb. 4.1).

Richtig ist, dass die Rentenkasse ausgerichtet am allgemeinen Beitragssatz, einen Teil an die Krankenkasse abführen muss. Dieser Teil (8,2 % der Bruttorente) wird jedoch bei jeder Renten fällig und somit auch für jede Rente zum doppelten Beitrag bei Witwen und Witwern. Denn wer eine Hinterbliebenenrente erhält, zahlt auch hierauf KVdR-Beiträge. Vielen Menschen ist dieser Sachverhalt unklar. Nur privat versicherte Personen sind von diesem Sachverhalt nicht betroffen. Hier spielen weder die Einkommensart noch die Höhe der Einkünfte für die Ermittlung des monatlichen Beitrages eine Rolle. Privat Versicherte können auf Antrag einen Zuschuss durch die Rentenversicherung erhalten und somit einen Teil der Kosten sparen. Was aber, wenn diese Personen aufgrund des hohen Beitrags für die private Krankenversicherung lieber wieder in die gesetzliche Kasse zurück möchten? Gibt es diese Möglichkeit und, wenn ja, bis wann ist dies überhaupt möglich? Abbil-dung 4.2 erfasst die Fragen und zeigt die Möglichkeiten.

© Springer Fachmedien Wiesbaden 2015   113
S. Horn, D. R. Schuchardt, *Deutsche Rentenversicherung – Basis der Altersvorsorge*,
DOI 10.1007/978-3-658-06675-8_4

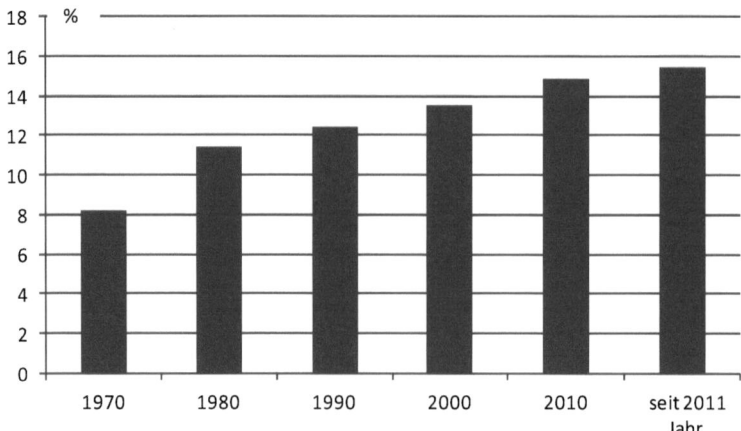

Abb. 4.1 Entwicklung der Beitragssätze gesetzliche Krankenversicherung. (Quelle Destatis, Angaben in Prozent)

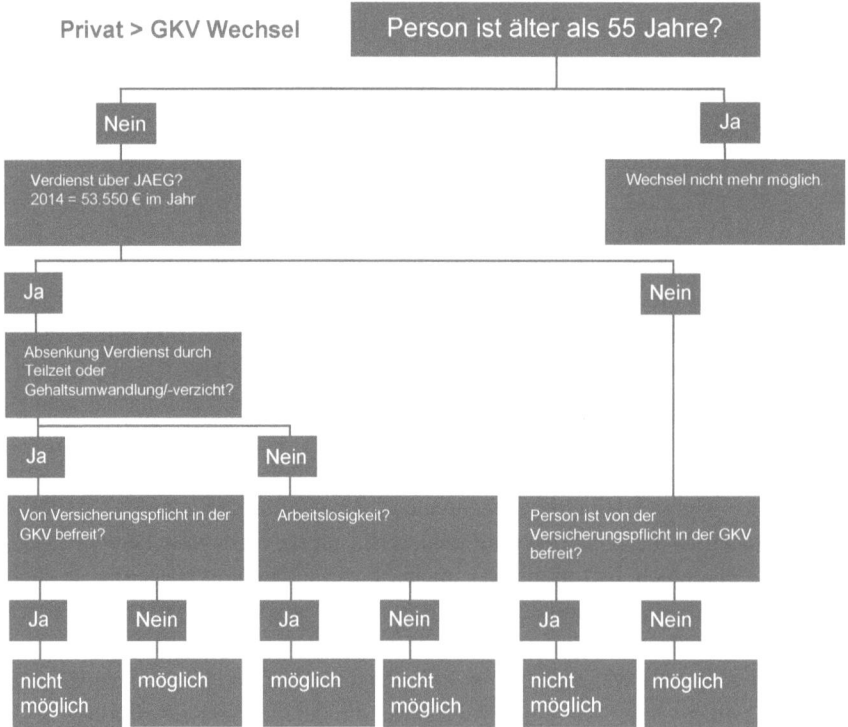

Abb. 4.2 Wechselmöglichkeiten Privat in GKV

Abb. 4.3 Krankenkassenbeiträge im Rentenbezug (Rechtsstand 2014).

Einkommensart	Pflichtversichert [%]	freiwillig versichert [%]
Gesetzliche Rente	8,2	8,2
Hinterbliebenenrenten	8,2	8,2
Riester-Rente privat	0	15,5
Riester-Rente betrieblich	15,5	15,5
Rürup-Rente	0	15,5
Zinseinkünfte	0	14,9
Mieteinnahmen	0	14,9
Betriebsrente	15,5	15,5
Versorgungsbezüge	15,5	15,5
Witwengeld	15,5	15,5
Rente Versorgungswerk	15,5	15,5
Private Rente	0	14,9

Ob man im Erwerbsleben pflichtversichert oder freiwillig versichert ist, erfährt man normalerweise immer mit Überschreitung der Versicherungspflichtgrenze (auch JAEG = Jahresarbeitsentgeltgrenze genannt). Die Krankenkasse sendet dann der entsprechenden Person ein Schreiben mit dem entsprechenden Nachweis zu. Als Rentner erfolgt diese Prüfung im Rentenantrag.

Beitragserhebung Bedenken Sie bitte, dass freiwillig und privat Versicherte ihre Beiträge selbst zahlen und nur über den selbst gestellten Antrag von der Rentenkasse einen Zuschuss erhalten. Der freiwillig Versicherte zahlt für die Vorsorge im Alter entsprechend Abb. 4.3 und der jeweils beanspruchten Einkommensart.

Prüfung des Status Die Prüfung des Status erfolgt über die Krankenkasse. Dabei werden bestimmte Faktoren/Zeiten berücksichtigt:

- Zeitraum des Erwerbslebens (Zeit von der ersten Aufnahme einer sozialversicherungspflichtigen Tätigkeit bis zum Tag des geplanten Rentenbeginns)
- taggenaue Betrachtung der zweiten Hälfte des Erwerbslebens
- War jemand zu mindestens 90 % der zweiten Hälfte des Erwerbslebens in einer gesetzlichen Krankenkasse, gilt man als pflichtversichert und bleibt dies auch in der Rente. Im Umkehrschluss gilt die freiwillige Mitgliedschaft.

4.1.1 Fazit

Nur wer als Rentner pflichtversichert ist, zahlt im Rentenbezug auf zusätzliche Einnahmen neben der Rente keine zusätzlichen Krankenkassenbeiträge. Wer mit Renteneintritt wieder in die Pflichtversicherung wechseln möchte, der muss neun Zehntel (90 %) der zweiten Hälfte des Berufslebens in einer gesetzlichen Krankenversicherung Mitglied gewesen sein (Abb. 4.4).

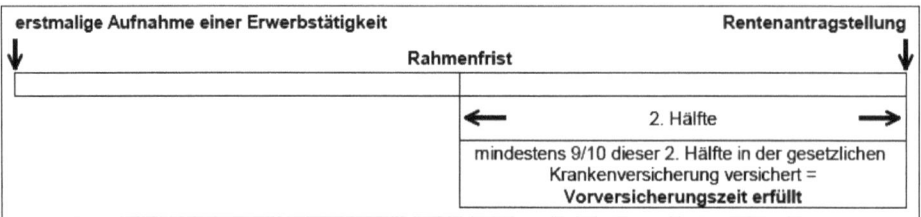

Abb. 4.4 Prüfungsschema KVdR

4.2 Steuerliche Betrachtung

4.2.1 Erwerbsphase

Mit dem Jahr 2005 ist die steuerliche Behandlung von Aufwendungen und Leistungen innerhalb des breit gestreuten Themenkomplexes Altersvorsorge neu geregelt worden. Mit Einführung des Alterseinkünftegesetzes besteht für viele Rentner die Pflicht zur Abgabe einer Steuererklärung. Wer ist betroffen, wer wiederum nicht? Dieser Frage wollen wir im Punkt Rentenphase, auf den Grund gehen. Bevor wir dies aber tun, ist es sinnvoll, die Erwerbsphase und somit die Beitragszahler näher zu beleuchten. Denn Beitragszahler können ihre Rentenversicherungsbeiträge als Sonderausgaben bis zu einem Höchstbetrag absetzen. Das ist aktuell anteilmäßig möglich, ab dem Jahr 2025 dann zu 100 %. Dies führt mit Fortschreiten der Zeit zu einer steigenden Entlastung der Beitragszahler. Im Gegenzug werden die gesetzlichen Renten in Abhängigkeit des Jahres stärker und ab dem Jahr 2040 voll steuerpflichtig.

Wir werden im Punkt Steuern nicht komplett bei null anfangen. Dafür reicht der Platz in diesem Buch einfach nicht aus. Der Einstieg erfolgt in der Erwerbsphase und den damit verbundenen Sonderausgaben.

Bei den Sonderausgaben handelt es sich prinzipiell um private Aufwendungen, die weder den Betriebsausgaben noch den Werbungskosten zuzurechnen sind. Sie stellen notwendige Lebenserhaltungskosten dar, die bei der Berechnung des zu versteuernden Einkommens abgezogen werden können. Die Sonderausgaben sind in §§ 10 bis 10i EStG eindeutig definiert. Das zu versteuernde Einkommen reduziert sich durch den Abzug der Sonderausgaben vom Gesamtbeitrag der Einkünfte. In Abhängigkeit des individuellen Grenzsteuersatzes ergibt sich die Steuerersparnis. Je höher der Grenzsteuersatz ist, umso größer ist die maßgebliche Ersparnis. Der Steuerpflichtige zahlt weniger Einkommensteuer, das Nettoeinkommen wird erhöht. § 10 EStG (Vorsorgeaufwendungen) erfasst dabei auch die gesetzliche Rentenversicherung als private Vorsorgeaufwendung.

Einkünfte im Steuerrecht Einkünfte im Steuerrecht sind kurz gesagt die Einnahmen aus einer Quelle/einer Tätigkeit abzüglich der Ausgaben, die erforderlich sind, um diese Einnahmen zu erzielen. Beim Arbeitnehmer beschreiben die Einkünfte den Bruttolohn abzüglich der Ausgaben für den Job (Werbungskosten). Bei Rentnern verhält es sich ähnlich. Hier wird von der Rente all das abgezogen, was zur Sicherung der Renteneinkünfte benötigt wird (Rentenberatungskosten, juristische Kosten im Zusammenhang mit der Rente). Sind solche Ausgaben nicht da, berücksichtigt das Finanzamt bei Rentnern 102 € im Jahr als Werbungskostenpauschale.

Als Basisaufwendungen sind folgende Beiträge begünstigt:

- Beiträge zur gesetzlichen Rentenversicherung
- Beiträge zu landwirtschaftlichen Alterskassen
- Beiträge zu berufsständischen Versorgungseinrichtungen
- Beiträge zur zertifizierten Basis-Rente (auch Rürup-Rente genannt)

Dabei sind laufende Beiträge oder Einmalzahlungen steuerbegünstigt. Die begünstigten Beiträge sind grundsätzlich in dem Kalenderjahr als Basisaufwendungen absetzbar, in dem sie geleistet wurden. Die abzugsfähigen Aufwendungen sind durch den Höchstbetrag begrenzt. Geht man von einer Einzelveranlagung aus, liegt dieser bei 20.000 €. Bei einer Zusammenveranlagung verdoppelt er sich und beträgt somit 40.000 €. Der Höchstbetrag ist dabei für abhängig Beschäftige und Selbständige gleichermaßen gültig. Der Höchstbetrag liegt damit merklich über dem Höchstbetrag zur gesetzlichen Rentenversicherung für Pflichtversicherte. Damit werden zusätzliche steuerliche Fördermöglichkeiten zur Altersvorsorge für Pflichtversicherte geschaffen. Beitragszahlungen in die gesetzliche Rentenversicherung, eine berufsständische Versorgung oder landwirtschaftliche Alterskasse werden dabei steuerlich einheitlich betrachtet. Die Form der Mitgliedschaft ist dabei unerheblich. Denkbar sind:

- Pflichtversicherung (kraft Gesetzes oder auf Antrag)
- freiwillige Versicherung

Anlage 8 macht die Eingliederung der gesetzlichen Rentenversicherung im Altersvorsorgemix deutlich. Mit dieser Anlage erhalten Versicherte einen schnellen Überblick, sowohl in der Erwerbs- als auch in der Rentenphase. Der Sonderausgabenabzug unterliegt, wie eingangs erwähnt, einer Übergangsregelung. So beginnt die steuerliche Abziehbarkeit der Beitragsaufwendungen im Jahr 2005 in Höhe von 60 %. Im Jahr 2025 wird sie im vollen Maße gewährt. Der Anfangsprozentsatz von 60 % steigt in den Folgejahren jährlich um zwei Punkte. Tabelle 4.1 stellt den Sachverhalt übersichtlich dar.

Dabei gilt es zu berücksichtigen, dass der pflichtversicherte Arbeitnehmer 50 % steuerfreie Beitragsanteile zur gesetzlichen Rentenversicherung durch seinen Arbeitgeber erhält. Verständlich wird das an nachfolgendem Beispiel mit einer übertragbaren Rechenfolge für weitere Praxisfälle.

Tab. 4.1 Entwicklung der Höchstbeträge Abziehbarkeit

Jahr	Höchstbeitrag der Abziehbarkeit von 20.000 € ausgehend (€)	Jahr	Höchstbeitrag der Abziehbarkeit von 20.000 € ausgehend (€)
2005	60 % = 12.000	2016	82 % = 16.400
2006	62 % = 12.400	2017	84 % = 16.800
2007	64 % = 12.800	2018	86 % = 17.200
2008	66 % = 13.200	2019	88 % = 17.600
2009	68 % = 13.600	2020	90 % = 18.000
2010	70 % = 14.000	2021	92 % = 18.400
2011	72 % = 14.400	2022	94 % = 18.800
2012	74 % = 14.800	2023	96 % = 19.200
2013	76 % = 15.200	2024	98 % = 19.600
2014	78 % = 15.600	2025	100 % = 20.000
2015	80 % = 16.000		

Beispiel

Ein Arbeitnehmer zahlt im Jahr 4.500 € zur GRV. Dieser Anteil ist folglich zu 100 % auch der des Arbeitgebers. Wie ermittelt sich der Sonderausgabenabzug?

Rechenfolge:

1. Ermittlung der gezahlten Altersvorsorgeaufwendungen
   = Basisvorsorgeaufwendungen (inklusive Rürup oder Basis-Rente):

GRV-Arbeitnehmeranteil:	4.500 Euro
GRV-Arbeitgeberanteil:	4.500 Euro
Summe:	**9.000 Euro**

2. Ermittlung des pro Jahr zu berücksichtigenden Altersvorsorgebetrages: (Grenzen der Höchstbeträge beachten 20.000/40.000 €)
   = Maximierung der Basisaufwendungen auf Höchstbetrag:

   Berechnung Jahr 2014   9.000 € × 78 % = **7.020 €**

3. Abzug des steuerfreien Arbeitgeberanteils zur GRV:

   Berechnung Jahr 2014   7.020 € − 4.500 € = **2.520 €**

Bei AN sind der steuerfreie AG-Anteil zur DRV oder diesem gleichgestellte steuerfreie Zuschüsse in Abzug zu bringen.

Ergebnis und Teilfazit: Die Arbeitnehmeranteile wirken sich beim Sonderausgabenabzug in Höhe von 2.520 € steuerlich aus. Bei Selbständigen entfällt der Abzug des tatsächlichen bzw. eines fiktiven Gesamtrentenversicherungsbetrags in der Berechnung.

Sie können Altersvorsorgeaufwendungen ungekürzt bis zum Höchstbetrag als Sonderausgaben geltend machen.

4.2.2   Rentenphase

Wenn eine Anrechnung von Altersvorsorgeaufwendungen im Rahmen der Sonderausgaben möglich ist, ist eine steuerliche Betrachtung der Rentenphase und seiner Leibrenten zweckmäßig. Eine Leibrente ist die wohl typischste Art der Rentenformen. Sie ist gekennzeichnet durch eine Leistungszusage auf unbestimmte Lebensdauer gegenüber dem Rentenberechtigten. Die gesetzlichen Altersrenten stellt demnach eine echte Leibrente dar. Wird einer Erwerbsminderungsrente fällig, gehört diese zu den abgekürzten Leibrenten. Wie werden die Leibrenten aus der DRV versteuert?

Besteuerung der Leibrenten (§ 22 Nr. 1 Satz 3 EStG)
In den Jahren 2005 bis 2039 erfolgt eine schrittweise Systemumstellung, hin zur voll nachgelagerten Besteuerung. Während der Übergangszeit unterliegen die Rentenzahlungen aus der ersten Schicht nicht der vollen, sondern einer anteilmäßigen Besteuerung (Die Entwicklung ist in Tab. 4.2 dargestellt).

Das Jahr des Rentenzugangs ist somit entscheidend. Renten, die bereits vor 2005 begonnen haben, werden nur mit einem Teilbetrag der gesamten Rentenzahlung besteuert (50 %). Ab 2040 sind die beginnenden Renten dann im vollen Umfang zu versteuern. Der steuerbare Anteil der Rente wird für jeden neu hinzukommenden Rentenjahrgang (Kohorte) bis zum Jahr 2040 in den entsprechenden Prozentschritten bis auf 100 % angehoben. Das bedeutet, der prozentuale Besteuerungsanteil gilt für die Rentenleistungen im ersten Jahr. Bei den Rentenleistungen in den darauf folgenden Jahren erfolgt nicht mehr die Ermittlung des Besteuerungsanteils, sondern es wird im zweiten Rentenjahr ein fester Freibetrag in Euro ermittelt, der für den künftigen Rentenzeitraum gilt.

Regelmäßige Erhöhungen der Rente haben keine Auswirkung auf die Höhe des Freibetrages. Nur bei außerordentlicher Änderung der Rentenhöhe ist der Freibetrag anzupassen. Darauf gehen wir später nochmals ein.

Dabei kommt nachfolgendes Berechnungsschema zur Anwendung.

Berechnungsschema Kohorte

	Jahresbetrag der Rente des Zweitjahres
x	Besteuerungsanteil des Erstjahres .
=	steuerpflichtige Jahresrente des Zweitjahres

	Jahresbetrag der Rente des Zweitjahres
./.	steuerpflichtige Jahresrente des Zweitjahres .
=	fester persönlicher Freibetrag (in Euro).

Tab. 4.2 Entwicklung der Besteuerung

Jahr des Renten- beginns	Besteuerungs- anteil in Prozent	Prozentsatz für Renten- freibetrag	Jahr des Renten- beginns	Besteuerungs- anteil in Prozent	Prozentsatz für Renten- freibetrag
bis 2005	50	50	2023	83	17
2006	52	48	2024	84	16
2007	54	46	2025	85	15
2008	56	44	2026	86	14
2009	58	42	2027	87	13
2010	60	40	2028	88	12
2011	62	38	2029	89	11
2012	64	36	2030	90	10
2013	66	34	2031	91	9
2014	68	32	2032	92	8
2015	70	30	2033	93	7
2016	72	28	2034	94	6
2017	74	26	2035	95	5
2018	76	24	2036	96	4
2019	78	22	2037	97	3
2020	80	20	2038	98	2
2021	81	19	2039	99	1

Der ermittelte Euro-Freibetrag bleibt dabei unverändert. Steigt die gesetzliche Rente, erhöht sich der steuerpflichtige Anteil bei gleichbleibendem Freibetrag. Die Erhöhung der
Renten im Laufe der Rentenbezugszeit ist somit voll steuerpflichtig. Deutlich wird das an
einem Beispiel.

Beispiel

Ein Rentenempfänger geht mit Beginn des Jahres 2015 in die gesetzliche Regelalters-
rente. Dabei gehen wir von folgenden Rentenanpassungen aus:
- Jahr 2015 – 1.000 € monatliche Rente = Ausgangsrente
- Jahr 2016 – 1.020 € monatliche Rente
- Jahr 2017 – 1.050 € monatliche Rente
- Jahr 2020 – 1.200 € monatliche Rente

Maßgeblich für die Ermittlung des persönlichen Rentenfreibetrages sind:

- der Prozentsatz aus Tab. 4.2, Spalte Prozentsatz Rentenfreibetrag (im Jahr des Rentenbeginns),
- die Jahresrente des Jahres, welche dem Rentenzugangsjahr folgt

Tab. 4.3 Berechnungsschema des steuerpflichtigen Anteils

Rentenbezugsjahr	2015	2016	2017	2020
Angenommen Jahresrente DRV	12.000 €	12.240 €	12.600	14.400
Davon steuerpflichtig lt. Tabelle	70 %	70 %		
Steuerpflichtiger Anteil der Rente	8400 €	8568 €		
Persönlicher Freibetrag	3600 € (vorläufig)	3672 € (endgültig)	3672 €	3672 €
Voll zu versteuernder Betrag	8400 €	8568 €	8928 €	10.728 €
Grundfreibetrag 2014 = 8.314 €				

Rentenbeginn 01.07.2015:

1. Schritt

Jahresrente :   6.000 €$(6 \times 1.000\,€)$

Persönliche Freibetrag laut Tab. 4.2 :   30 %

vorläufiger persönlicher Freibetrag 2015 :   = 1.800 €

2. Schritt

Ermittlung des endgültigen Freibetrages (Tab. 4.3)

Jahresrente 2016 :   12.240 €

Persönlicher Freibetrag laut Tab. 4.2 :   30 %

(Jahr des Rentenbeginns unverändert)

Endgültiger persönlicher Freibetrag bis zum Tod   **3.672 €**

Fazit

Dieser Freibetrag gilt in der Regel bis zum Ableben des Versicherten. Nur unter bestimmten Umständen kann sich der persönliche Freibetrag ändern. Grund dafür können die Folgerenten sein. Das passiert wenn sich aus derselben Versicherung „Folgerenten", also zum Beispiel Renten aus der gesetzlichen oder aus der privaten kapitalgedeckten Rentenversicherung ergeben. Eine Folgerente setzt nicht voraus, dass der Rentenempfänger identisch ist.

Das betrifft beispielsweise:

- eine große Witwenrente, die einer kleinen Witwenrente folgt (oder umgekehrt)
- Hinterbliebenenrente, die der Altersrente des Verstorbenen folgt
- Altersrente, die einer Erwerbsminderungsrente folgt
- Vollrente, die einer Teilrente folgt

Berechnungsschema Freibetrag

	aktuelles Jahr der späteren Rente
./.	Laufzeit der vorhergehenden Rente .
=	rechnerisch maßgebliches Rentenbeginnjahr zur Ermittlung des neuen Prozentsatzes bzw. neuen persönlichen Freibetrags

Es ist jedoch mindestens der Prozentsatz 50 % anzusetzen.

Wird eine entsprechende Leibrente nur als Teilrente beansprucht, erfolgt die Berechnung des steuerpflichtigen Anteils wie bei einer Vollrente. Auch hier kommt das Kohortenmodell zur Anwendung. In der Praxis nicht ungewöhnlich, ist die Altersrente als Folgerente einer Erwerbsminderungsrente. Aber auch die Ermittlung des steuerpflichtigen Anteils einer Witwen-/Witwerrente ist in der Praxis nicht selten. Die Berechnung ist abhängig davon, ob der Verstorbene:

- Rentenbezieher einer gesetzlichen Rente (Alters-, Erwerbsminderungsrente) oder einer privaten kapitalgedeckten Leibrente (Basis-Rente) war oder
- sich in der Anwartschaftsphase auf eine Rente befunden hat.

Wurde keine Altersrente bisher bezogen, wird der Freibetrag für die Witwen-, Witwerrente gemäß der entsprechenden Kohorte (Rentenbezugsjahr + Besteuerungsanteil) erstmalig festgelegt. Hat der Verstorbene bereits eine Rente bezogen, folgt die Hinterbliebenenrente dieser Rente. Eine Neuberechnung des Freibetrages erfolgt.

Fazit

Die nachgelagerte Besteuerung ist im vollen Gange. Dort wo Vorsorgeaufwendungen im Erwerbsleben zunehmend steuerbefreit werden, sind Renteneinkünfte in der Rentenphase im Gegenzug stärker zu versteuern. Ab 2040 oder einem späteren Rentenzugang ist die Rente grundsätzlich voll zu versteuern, vorher greift der entsprechende Rentenfreibetrag. Auch wenn zu Rentenbeginn noch keine Steuern zu zahlen sind, kann sich der Sachverhalt im Laufe des Rentenbezugs ändern. Hier sind die Beratung und somit der Gang zum Finanzamt oder zu einem Steuerberater unumgänglich.

▶ Sollten Sie noch tiefer in die Materie einsteigen wollen oder aktuelle Hinweise erhalten, lohnt sich der Blick auf die Internetseite des Bundesministeriums der Finanzen: http://www.bundesfinanzministerium.de zum Beispiel Broschüre „Steuern von A bis Z".

▶ Auch wenn die DRV eine Broschüre mit dem Titel „Versicherte und Rentner: Informationen zum Steuerrecht" herausgebracht haben, sollte man sich mit seinen steuerrechtlichen Fragen nicht an die DRV wenden. Für eine klare Antwort auf steuerliche Fragen muss der Steuerfachmann immer das gesamte Bild kennen, das sich nicht nur auf den Teilbereich gesetzliche Rentenversicherung stützt. Ohne lange Umwege sollte man sich Rat zu Steuerfragen von den wirklichen Experten holen: Den Steuerberatern, den Lohnsteuerhilfevereinen, den Fachanwälten für Steuerrecht oder von den Mitarbeitern des Finanzamtes. Ein letztes Steuerbeispiel soll den Sachverhalt sehr treffend abrunden und den ersten Teil, die Erwerbsphase, damit abschließen. Denn am Ende bleibt die Frage: Welcher Betrag von der Rente geht für die Steuerzahlung ab?

Beispiel

Ein Rentner erhält eine Jahresbruttorente von 13.200 €. Die Rente hat im Januar 2013 begonnen. Steuerfrei bleiben somit 34 % = 4.488 €. Die restlichen 66 % = 8.712 € stellen das steuerpflichtige Einkommen dar. Von diesem können noch Kranken- und Pflegeversicherungsbeiträge sowie Pauschbeträge abgezogen werden. Das zu versteuernde Einkommen dürfte aber 8.130 € nicht überschreiten. Im Jahr 2013 entsprechen 8.130 € dem steuerlichen Grundfreibetrag (Existenzminimum). Im Jahr 2014 steigt die Grenze auf 8.354 €. Hat dieser Rentner keine weiteren Einkünfte (zum Beispiel Betriebsrente, Riester-Rente, Mieten), muss er keine Steuern zahlen. Erst bei einer Jahresrente von mehr als rund 14.800 € (1.230 € monatlich) sind Steuern fällig. Rentenanpassungen und neu hinzukommende Einnahmen könnten aber dazu führen, dass ein Rentner im Laufe der Zeit steuerpflichtig wird. Doch wie immer gilt keine Regel ohne Ausnahme, speziell im Zusammenhang mit der nachgelagerten Besteuerung.

Auf Antrag des Steuerpflichtigen ermöglicht die Öffnungsklausel dem Steuerpflichtigen Teile der Rente von der seit dem 01.01.2005 geltenden nachgelagerten Besteuerung auszugrenzen und weiterhin nur mit ihrem Ertragsanteil zu besteuern. Betroffen ist hiervon allerdings nur der Teil der Rente, der auf Beiträgen oberhalb des Höchstbetrages der gesetzlichen Rentenversicherung beruht. Der Teil der Rente, der auf Beiträgen bis zum Höchstbetrag der gesetzlichen Rentenversicherung beruht, unterliegt seit dem 01.01.2005 auf jeden Fall der nachgelagerten Besteuerung. Die Rentenleistung wird also aufgeteilt in einen nachgelagert zu besteuernden Anteil und in einen nur mit dem Ertragsanteil zu besteuernden Anteil.

Der Ertragsanteil der Rente wird in Prozentsätzen bestimmt, die durch das Alterseinkunftegesetz jedoch gegenüber den bisherigen Werten abgesenkt wurden. Für einen 65-jährigen Rentner beträgt der Ertragsanteil des Teils der Rente, der auf Beiträgen oberhalb des Höchstbetrages beruht, 18 %, während der Teil der Rente, der auf Beiträgen bis zum Höchstbetrag entfällt, im Jahr 2005 mit 50 % steuerpflichtig ist.

Selten aber möglich Voraussetzung zur Anwendung der Öffnungsklausel ist allerdings, dass mindestens zehn Jahre Beiträge oberhalb des Höchstbetrages der gesetzlichen Rentenversicherung gezahlt wurden. Hierzu zählen auch Beiträge zu anderen Versorgungssystemen (zum Beispiel berufsständische Versorgungswerke). Berücksichtigt werden nur Beiträge bis zum 31.12.2004. Generell ist damit entscheidend, wann der Beitrag eingezahlt wurde (In-Prinzip) und nicht, für welche Zeiten die Beiträge verwendet wurden. Dies ist vor allem bei nachgezahlten Beiträgen nach früheren Nachzahlungsvorschriften der gesetzlichen Rentenversicherung (zum Beispiel nach § 282 alte Fassung SGB VI, Artikel 2 §§ 49a/51a ArVNG) zu beachten. Die zehnjährige Beitragsleistung oberhalb des Höchstbeitrages braucht nicht zeitlich zusammenhängend erbracht worden sein.

Steuererklärung Ja oder Nein?
Nutzen Sie die Anlage 9 zum Buch und das darin enthaltene Berechnungsschema. Der Zeitraum ist dabei immer das Kalenderjahr. Liegen Sie am Ende (in Zeile 15) über den entsprechend des Jahres ausgewiesenen Grundfreibetrag, besteht Steuerpflicht.

$$\text{Der Grundfreibetrag beträgt}: \quad 2013 = 8.130€$$
$$= \text{Existenzminimum} \quad 2014 = 8.354€$$

5.1 Anlage 1 – Die fünf Sozialversicherungszweige

Arbeitslosenversicherung SGB III seit 1927 www.arbeitsagentur.de
- Träger ist die Bundesagentur für Arbeit
- Leistungen: Unterstützung bei der Integration im Arbeitsmarkt, Arbeitslosengeld, Kurzarbeitergeld,
  - Unterhaltsgeld, Umschulungsgeld, Unterstützung bei Aufnahme einer selbstständigen
  - Tätigkeit, Berufsberatung, Vermittlung von Ausbildungs- und Arbeitsstellen
- Höchstdauer des Anspruchs: 12 Monate für jüngere AN, für über 58-jährige AN 24 Monate
- Beiträge: 3,0 % des Bruttolohnes im Jahr 2013
  - AN und AG je 1,5 %

Das Arbeitslosengeld beträgt i.d.R. 60 % des um die Lohnsteuer, den Solidaritätszuschlag sowie um eine Sozialversicherungspauschale von 21 % verminderten Bruttoarbeitsentgelts. Privatier mit einem Kinde erhalten ca. 67 %.

Krankenversicherung SGB V seit 1883 www.gkv-spitzenverband.de
- Träger sind die gesetzlichen Krankenkassen
- Leistungen:
  - medizinische Voruntersuchungen zur Vorbeugung und Früherkennung
  - Ärztliche und zahnärztliche Behandlung
  - Krankenhauspflege und Krankengeld

© Springer Fachmedien Wiesbaden 2015   125
S. Horn, D. R. Schuchardt, *Deutsche Rentenversicherung – Basis der Altersvorsorge,*
DOI 10.1007/978-3-658-06675-8_5

- Beiträge: 15,5% des Bruttolohnes (AG 7,3% u. AN 8,2%) im Jahr 2014. Ab 2015: 14,4 % paritätische Finanzierung durch AG und AN. Arbeitnehmer tragen jedoch zusätzlich alleine jede künftige Beitragserhöhung durch den kassenindividuellen einkommensabhängigen Zusatzbeitrag.

Rentenversicherung SGB VI seit 1889 www.deutsche-rentenversicherung.de
- Träger ist die Deutsche Rentenversicherung (DRV)
- Leistungen:
  - Leistungen zur Teilhabe
  - Zahlung unterschiedlicher Rentenarten und Zusatzleistungen
  - Zahlung von Beiträgen zur KVdR (Krankenversicherung der Rentner)
- Beiträge: 18,9% Gesamtbeitrag seit dem 01.01.2013

Unfallversicherung SGB VII seit 1884 www.dguv.de
- Träger sind die Berufsgenossenschaften und Unfallkassen
- Leistungen:
  - Maßnahmen zur Unfallverhütung
  - Heilbehandlung
  - Verletztenrente
  - Hinterbliebenenrente
- Beiträge: abhängig vom jeweiligen Träger und vom jeweiligen zu versichernden Risiko

Unfälle im Privaten und in der Freizeit werden nicht gedeckt. Dieses Risiko muss privat abgesichert werden.

Pflegeversicherung SGB XI seit 1995 www.mds-ev.de
- Träger sind die Pflegekassen der Krankenkassen
- Leistungen: Pflegegeld, Sachleistungen, Grundpflege u. hauswirtschaftliche Leistungen
  - entsprechend Dauer und Grad der Pflegebedürftigkeit.
- Beiträge: 2,05% des Bruttolohns im Jahr 2013 (ab 2015: 2,35%)
  - AN und AG je 1,025 % (abweichende Regelung in Sachsen)
  - Kinderlose zahlen ab 23. Lebensjahr einen Beitragszuschlag von 0,25%.

5.2   Anlage 2 – Entwicklung Beitragszahler zu Rentenempfänger

Das Verhältnis von Beitragszahler zu Rentner ändert sich merklich. Im Jahr 2008 standen 34 Menschen im Rentenalter 100 Menschen im Erwerbsleben gegenüber. Auf einen Rentner kamen somit drei Erwerbstätige. Im Jahr 2060 kommen auf einen Rentner dann nur noch 1,5 Erwerbstätige. Genau das drückt die Abbildung aus. Die Ermittlung des Altenquotienten finden Sie unterhalb.

Verhältnis Beitragszahler zu Rentenempfänger (AQ 65)

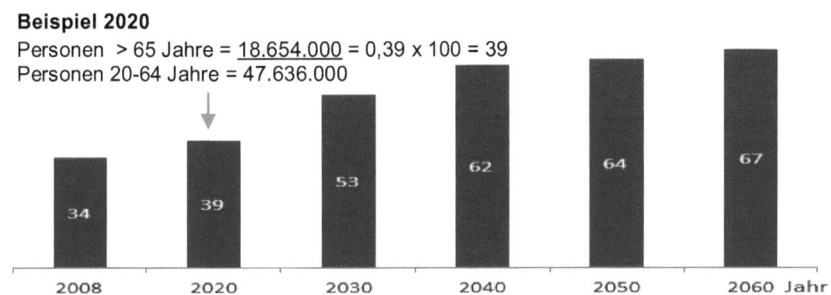

Jahr(e)	2020	2030	2040	2050	2060
Personen > 65	18.654.000	22.275.000	23.709.000	22.989.000	21.975000
Personen 20- 64	47.636.000	42.149.000	38.329.000	35.722.000	32.591.000
AQ 65	39	53	62	64	67

Der Altenquotient ist eine wichtigste demografische Kennzahl. Er gibt das Verhältnis zwischen der Altersgruppe der Rentner (Personen >65 Jahre) und der der erwerbstätigen Generation (20–64 Jahre) an. Im Jahr 2020 wird es in Deutschland schätzungsweise 18.654 Mio. Einwohner, die 65 Jahre oder älter sind (Rentnergeneration) und 47.636 Mio. Personen zwischen 20 und 65 Jahren (Erwerbstätigengeneration) geben. Der Quotient aus diesen beiden Werten ist 0,39. Um diesen Wert etwas greifbarer zu machen, multipliziert man ihn meist mit 100. Dann gibt dieser Wert an, dass auf 100 Personen im erwerbsfähigen Alter 39 Personen im Rentenalter kommen. Wenn man den Kehrwert der 0,39 bildet (2,56) kann man diesen Wert so interpretieren, dass auf 2,56 Personen im erwerbsfähigen Alter ein Rentner kommt

$$AQ\ 65 = \underline{\text{Anzahlt der Personen} > 65\ \text{Jahre}} = \text{gesuchter Wert} \times 100 = \textbf{AQ 65}$$

Anzahl der Personen 20–64 Jahre

Auf eine Berechnung des AQ 67 (Rente) mit 67 Jahren, wurde an dieser Stelle verzichtet. Die Auswirkungen sind erst zukünftig messbar.

Quelle: Statistisches Bundesamt, Bevölkerung Deutschlands bis 2060, 2. koordinierte Bevölkerungsvorausberechnung, Basis 31.12.2008, weitere Informationen unter: www.destatis.de

5.3   Anlage 3 – Einnahmen und Ausgaben der gRV Jahr 2012

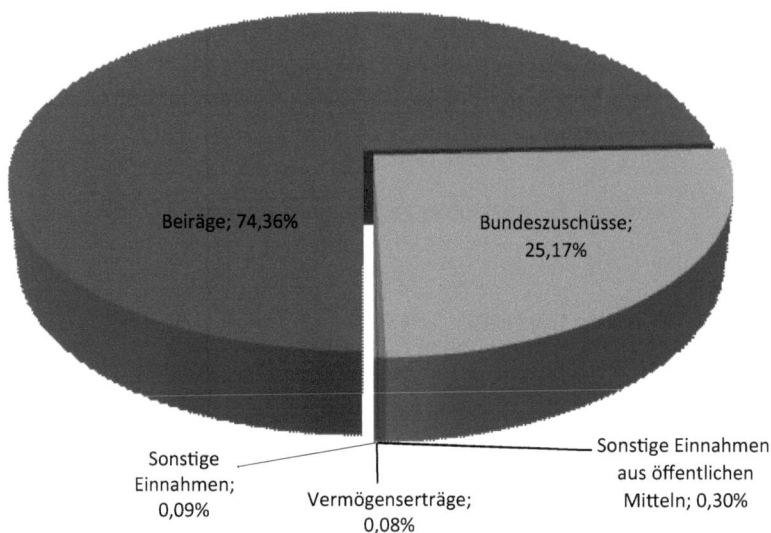

Einnahmen der gRV im Jahr 2012

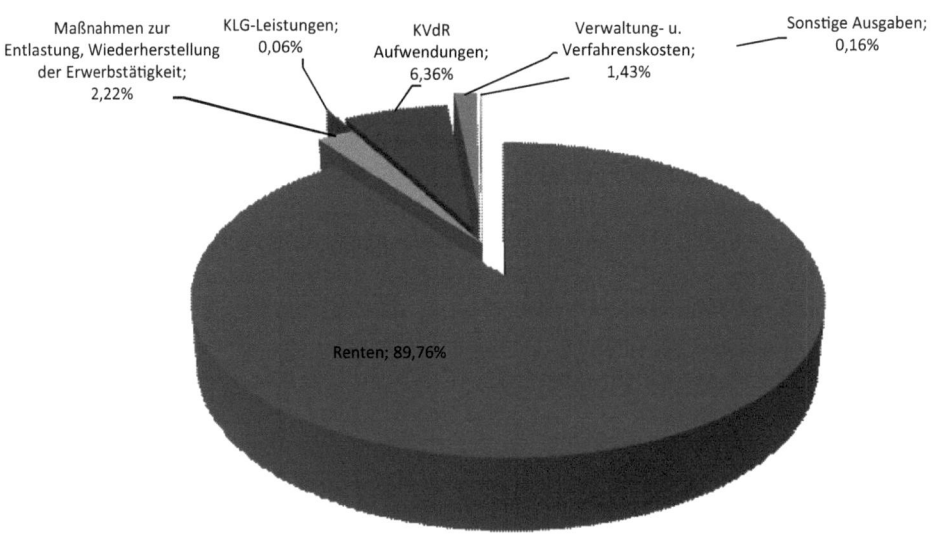

Ausgaben der gRV im Jahr 2012
    weitere Informationen unter: www.deutsche-rentenversicherung.de
    Quelle: Rentenversicherungsbericht 2013

5.4   Anlage 4 – Wichtige Adressen und Ansprechpartner

Wichtige Anschriften der Träger der Deutschen Rentenversicherung im Überblick. Alle Rentenversicherungsträger sind auch über das Portal www.deutsche-rentenversicherung. de zu erreichen. Für Antragsstellung, Auskunft und Beratung muss die Zuständigkeit aber nicht beachtet werden. Anträge gelten auch als Fristgerecht gestellt, wenn sie beim unzuständigen Träger gestellt werden.

DRV Baden-Württemberg
(Bürgertelefon 0800 1000 48024)
Standort Karlsruhe
76122 Karlsruhe
Telefon 0721 825-0
Telefax 0721 825-21229
Standort Stuttgart
70429 Stuttgart
Telefon 0711 848-0
Telefax 0711 848-21438

DRV Bayern Süd
(Bürgertelefon 0800 1000 48015)
Standort Landshut
84024 Landshut
Telefon 0871 81-0
Telefax 0871 81-2140
Standort München
81729 München
Telefon 089 6781-0
Telefax 089 6781-2345

DRV Berlin-Brandenburg
(Bürgertelefon 0800 1000 48025)
Standort Frankfurt (Oder)
Bertha-von-Suttner-Straße 1
15236 Frankfurt (Oder)
Telefon 0335 551-0
Telefax 0335 551-1295
Standort Berlin
Knobelsdorffstraße 92
14059 Berlin
Telefon 030 3002-0
Telefax 030 3002-1009

DRV Braunschweig-Hannover
(Bürgertelefon 0800 1000 48010)
Standort Laatzen
Lange Weihe 2 30880 Laatzen
Telefon 0511 829-0
Telefax 0511 829-2635
Standort Braunschweig
Kurt-Schumacher-Straße 20
38102 Braunschweig
Telefon 0531 7006-0
Telefax 0531 7006-425

DRV Nord
(Bürgertelefon 0800 1000 48022)
Standort Lübeck
Ziegelstraße 150
23556 Lübeck
Telefon 0451 485-0
Telefax 0451 485-15333
Standort Neubrandenburg
Platanenstraße 43
17033 Neubrandenburg
Telefon 0395 370-0
Telefax 0395 370-14555
Standort Hamburg
Friedrich-Ebert-Damm 245
22159 Hamburg
Telefon 040 5300-0
Telefax 040 5300-14999

DRV Nordbayern
(Bürgertelefon 0800 1000 48018)
Standort Bayreuth
95440 Bayreuth
Telefon 0921 607-0
Telefax 0921 607-398
Standort Würzburg
Friedenstraße 12/14
97072 Würzburg
Telefon 0931 802-0
Telefax 0931 802-243

DRV Oldenburg-Bremen
(Bürgertelefon 0800 1000 48028)
Hauptverwaltung Oldenburg
Huntestraße 11
26135 Oldenburg
Telefon 0441 927-0
Telefax 0441 927-2563
Geschäftsstelle Bremen
Schwachhauser Heerstraße 32-34
28209 Bremen
Telefon 0421 3407-0
Telefax 0421 3407-257

DRV Knappschaft-Bahn-See
(Bürgertelefon 0800 1000 48080)
Hauptverwaltung Pieperstraße 14–28
44789 Bochum
Telefon 0234 304-0
Telefax 0234 304-66050

DRV Mitteldeutschland
(Bürgertelefon 0800 1000 48090)
Standort Leipzig
Georg-Schumann-Straße 146
04159 Leipzig
Telefon 0341 550-55
Telefax 0341 550-5900
Standort Erfurt
Kranichfelder Straße 3
99097 Erfurt
Telefon 0361 482-0
Telefax 0361 482-2299
Standort Halle
Paracelsusstraße 21
06114 Halle
Telefon 0345 213-0
Telefax 0345 202-3314

DRV Bund
10704 Berlin
Telefon 030 865-0
Telefax 030 865-27240

DRV Hessen
(Bürgertelefon 0800 1000 48012)
Städelstraße 28
60596 Frankfurt/Main
Telefon 069 6052-0
Telefax 069 6052-1600

DRV Saarland
(Bürgertelefon 0800 1000 48017)
Martin-Luther-Straße 2–4
66111 Saarbrücken
Telefon 0681 3093-0
Telefax 0681 3093-199

DRV Schwaben
(Bürgertelefon 0800 1000 48021)
Dieselstraße 9
86154 Augsburg
Telefon 0821 500-0
Telefax 0821 500-1000

DRV Westfalen
(Bürgertelefon 0800 1000 48011)
48125 Münster
Telefon 0251 238-0
Telefax 0251 238-2960

DRV Rheinland-Pfalz
(Bürgertelefon 0800 1000 48016)
Eichendorffstraße 4–6
67346 Speyer
Telefon 06232 17-0
Telefax 06232 17-2589

DRV Rheinland
(Bürgertelefon 0800 1000 48013)
40194 Düsseldorf
Telefon 0211 937-0
Telefax 0211 937-3096

5.5   Anlage 5 – Rentenanpassung

2 bis 9 %, Zeitraum 5–45 Jahre

akt. Betrag 10 Euro	Wert in X Jahren bei einer Rentenanpassung von - 2% bis + 2% Jahre								
[%]	5	10	15	20	25	30	35	40	45
-2.00	9.04	8.17	7.39	6.68	6.03	5.45	4.93	4.46	4.03
-1.75	9.16	8.38	7.67	7.03	6.43	5.89	5.39	4.94	4.52
-1.50	9.27	8.60	7.97	7.39	6.85	6.35	5.89	5.46	5.07
-1.25	9.39	8.82	8.28	7.78	7.30	6.86	6.44	6.05	5.68
-1.00	9.51	9.04	8.60	8.18	7.78	7.40	7.03	6.69	6.36
-0.75	9.63	9.27	8.93	8.60	8.28	7.98	7.68	7.40	7.13
-0.50	9.75	9.51	9.28	9.05	8.82	8.60	8.39	8.18	7.98
-0.25	9.88	9.75	9.63	9.51	9.39	9.28	9.16	9.05	8.93
0.00	10.00	10.00	10.00	10.00	10.00	10.00	10.00	10.00	10.00
0.25	10.13	10.25	10.38	10.51	10.64	10.78	10.91	11.05	11.19
0.50	10.25	10.51	10.78	11.05	11.33	11.61	11.91	12.21	12.52
0.75	10.38	10.78	11.19	11.61	12.05	12.51	12.99	13.48	14.00
1.00	10.51	11.05	11.61	12.20	12.82	13.48	14.17	14.89	15.65
1.25	10.64	11.32	12.05	12.82	13.64	14.52	15.45	16.44	17.49
1.50	10.77	11.61	12.50	13.47	14.51	15.63	16.84	18.14	19.54
1.75	10.91	11.89	12.97	14.15	15.43	16.83	18.35	20.02	21.83
2.00	11.04	12.19	13.46	14.86	16.41	18.11	20.00	22.08	24.38

Lesehilfe Tabelle Wählen Sie die Rentenanpassung von (−) 2 % bis (+) 2 % in der ersten Spalte. Über den Zeitraum 5–45 Jahre ergibt sich dann die Schnittstelle und somit der Wert für die ursprünglichen 10 € zu Beginn.

Beispiel: aus 10 € werden in 15 Jahren bei 1,50 % Rentenanpassung = 12,50 €.

5.6   Anlage 6 – Ermittlung des Kaufkraftverlustes

Inflation für 1, 2, 3 %, Zeitraum 5 bis 45 Jahre

| akt. Betrag | Wert in X Jahren bei einer Infaltion von **1 Prozent** | | | | | | | | |
| | Jahre | | | | | | | | |
[€]	5	10	15	20	25	30	35	40	45
10	9.51	9.05	8.61	8.19	7.79	7.41	7.05	6.71	6.38
20	19.03	18.11	17.23	16.39	15.59	14.83	14.11	13.43	12.78
30	28.54	27.15	25.83	24.58	23.39	22.25	21.17	20.14	19.16
40	38.06	36.21	34.45	32.78	31.19	29.68	28.24	26.87	25.57
50	47.57	45.26	43.06	40.97	38.98	37.09	35.29	33.58	31.95
60	57.09	54.32	51.68	49.17	46.78	44.51	42.35	40.29	38.33
70	66.60	63.37	60.29	57.36	54.58	51.93	49.41	47.01	44.73
80	76.12	72.43	68.91	65.57	62.39	59.36	56.48	53.74	51.13
90	85.63	81.47	77.52	73.76	70.18	66.77	63.53	60.45	57.52
100	95.15	90.53	86.14	81.96	77.98	74.20	70.60	67.17	63.91

| akt. Betrag | Wert in X Jahren bei einer Infaltion von **2 Prozent** | | | | | | | | |
| | Jahre | | | | | | | | |
[€]	5	10	15	20	25	30	35	40	45
10	9.06	8.21	7.44	6.74	6.10	5.52	5.00	4.53	4.10
20	18.11	16.40	14.85	13.45	12.18	11.03	9.99	9.05	8.20
30	27.17	24.61	22.29	20.19	18.29	16.57	15.01	13.60	12.32
40	36.23	32.81	29.72	26.92	24.38	22.08	20.00	18.11	16.40
50	45.29	41.02	37.15	33.65	30.48	27.61	25.01	22.65	20.51
60	54.34	49.22	44.58	40.38	36.57	33.12	30.00	27.17	24.61
70	63.40	57.42	52.01	47.11	42.67	38.65	35.01	31.71	28.72
80	72.46	65.63	59.44	53.84	48.76	44.16	40.00	36.23	32.81
90	81.52	73.84	66.88	60.58	54.87	49.70	45.01	40.77	36.93
100	90.57	82.03	74.30	67.30	60.96	55.21	50.01	45.30	41.03

| akt. Betrag | Wert in X Jahren bei einer Infaltion von **3 Prozent** | | | | | | | | |
| | Jahre | | | | | | | | |
[€]	5	10	15	20	25	30	35	40	45
10	8.63	7.44	6.42	5.54	4.78	4.12	3.55	3.06	2.64
20	17.25	14.88	12.84	11.08	9.56	8.25	7.12	6.14	5.30
30	25.88	22.32	19.25	16.61	14.33	12.36	10.66	9.20	7.94
40	34.50	29.76	25.67	22.14	19.10	16.48	14.22	12.27	10.58
50	43.13	37.20	32.09	27.68	23.88	20.60	17.77	15.33	13.22
60	51.76	44.65	38.52	33.23	28.66	24.72	21.32	18.39	15.86
70	60.38	52.08	44.92	38.75	33.43	28.84	24.88	21.46	18.51
80	69.01	59.53	51.35	44.29	38.20	32.95	28.42	24.52	21.15
90	77.63	66.96	57.76	49.82	42.98	37.07	31.98	27.59	23.80
100	86.26	74.41	64.19	55.37	47.76	41.20	35.54	30.66	26.45

Lesehilfe für die Tabelle Wählen Sie die Inflation von 1 bis 3 %. Über den Zeitraum 5 bis 45 Jahre, ergibt sich dann die Schnittstelle und somit der Wert für die ursprünglichen gewählten Betrag je Tabelle.

Beispiel: Aus 50 € werden in 15 Jahren bei 3 % Inflation 32,09 €.

5.7   Anlage 7 – Regelaltersrenteneintritt

Geburtsjahrgang	1949	1950	1951	1952	1953	1954	1955	1956
Regelatersgrenze	65	65	65	65	65	65	65	65
+ Monate	3	4	5	6	7	8	9	10
Rente mit 65 Jahren Kürzung[1] in %	1.6	2.1	2.6	3.1	3.6	4.1	4.6	5.1
Rente mit 63 Jahren Kürzung[1] in %	13.7	14.1	14.6	15.1	15.5	16.0	16.5	16.9

Geburtsjahrgang	1957	1958	1959	1960	1961	1962	1963	1964
Regelatersgrenze	65	66	66	66	66	66	66	67
+ Monate	11	-	2	4	6	8	10	-
Rente mit 65 Jahren Kürzung[1] in %	5.6	6.1	7.1	8.1	9.1	10.1	11.0	12
Rente mit 63 Jahren Kürzung[1] in %	17.4	17.8	18.8	19,7	20.5	21.4	22.3	23.2

Ab 2031 ist das vollendete 67. Lebensjahr die Regelatersgrenze in der DRV.

[1] Doppelkürzung: 0,3 Prozent Abschlag pro Monat und kürzere Beitragszahlung in der gRV berücksichtigt.
Bei der Doppelkürzung wird von 35 Beitragsjahren im Alter 63 ausgegangen.

Lesehilfe für die Tabelle In der im Buch enthaltenen Renteninformation wird von 07.02.1960 als Geburtsdatum ausgegangen. Laut zweiter Tabelle ist der Regelalterseintritt das 66 Lebensjahr +4 Monate. Gehen Sie in die Renteninformation sehen Sie, dass die Voraussetzung bereits am 06.06.2026 erfüllt ist, ein regulärer Renteneintritt aber zum unmittelbar folgenden Ersten des Monats (Juli 2026) ausgewiesen wird. Ist ein früher Renteneintritt möglich, erfolgt immer eine Doppelkürzung. Diese Kürzung ist für den Renteneintritt mit 65 und 63 Jahren dargestellt.

5.8   Anlage 8 – Drei-Schichten-Modell

Basisversorgung Schicht I	Was gehört dazu?	Ansparphase/ Erwerbsphase jährlich abzusetzbare Beiträge	Leistungsphase/ Rentenphase Besteuerung der Leistungen
	-Rürup-Rente/ Basis-Rente -gesetzliche Rente (DRV) -landwirtschaftliche Alterskassen -berufsständische Versorung	zunehmend abzugsfähig bis zum Jahr 2025 = 100% Höchstbetrag 20.000/ 40.000 Euro Jahr 2014= 78%=15.600 Euro Jahr 2025=100%=20.000 Euro	zunehmende Besteuerung im sog. "Kohortenprinzip" Jahr 2014 =68% Jahr 2040=100%
	Bestuerung der BU/ EU-Rente	Volle nachgelagerte Besteuerung, Besteuerungsanteil im Jahr 2014=68 Prozent. Der prozentuale Besteuerungsanteil steigt je späteren Rentenbeginnjahr bis zu Jahr 2040 auf 100 Prozent an.	

Zusatzversorgung Schicht II	Was gehört dazu?	Ansparphase/ Erwerbsphase jährlich absetzbare Beiträge	Leistungsphase/ Rentenphase Besteuerung der Leistungen
	-bAV (betriebliche Altersversorgung) nach § 3 Nr. 63 EStG	FID, PK, PF mit 4% der BBG +1.800 Euro steuerfrei	voll steuerpflichtig § 22 Nr.4 EStG
	Direktzusage und U-Kasse	unbeschränkt abzugsfähig	voll lohnsteuerpflichtig § 19 EStG
	-Riester-Rente	maximaler Betrag = 2.100 Euro (Gesamt)	voll steuerpflichtig/ 30%-ige Teilkapitalzahlung möglich
	Firmendirektversicherung Altzusagen nach § 40b EStG	bis zum 31.12.2004 Rentenbesteuerung mit Ertragsanteil § 55 II EstDV, Kapital steuerfrei Pensipnskasse ab dem 01.01.2002 volle Besteuerung nach § 22 Nr.5 EStG	
	FIR/ U-Kasse	Volle Besterung, Einkünfte aus nicht selbstständiger Arbeit Vorsorgebzüge §19 EStG	

Kapitalanlageprodukte Schicht III	Was gehört dazu?	Ansparphase/ Erwerbsphase jährlich absetzbare Beiträge	Leistungsphase/ Rentenphase Besteuerung der Leistungen
	-Kapital- und private Renten- versicherungen	keine Förderung	Kapitalzahlungen: - 5/ 12 Modell bis zum 31.12.2004 steuerfreie Auszahlung - 12/ 60 Modell bis zum 31.12.2011 - 12/ 62 Modell ab dem 01.01.2012 50% der Erträge steuerfrei, individueller Steuersatz Ausgangsbedingung nicht erfüllt-Abgeltungssteuer
	BU-Privatverträge	Besteurung mit Ertragsanteil § 55 II EStDV	

Auf Leistungen aus der DRV (gesetzliche EMR) und auf das Arbeitslosengeld I (ALG I) werden BU-Renten nicht angerechnet.
Auf Sozialleistungen werden grundsätzlich sämtliche Einkünfte und damit auch BU-Renten angerechnet.
Grenze für die Familienversicherung in der GKV 395,- Euro (wichtig bei BU-Renten)
(Ausnahme: bei einer geringfügig entlohnten Beschäftigung gelten 450,- Euro)
Einkommensteuerlicher Grundfreibetrag 8.354 Euro

5.9   Anlage 9 – Steuererklärungspflicht Ja oder Nein?

Zeile	Renten bzw. Pensionen	Betrag [€]
1	Steuerpflichtiger Teil gesetzlicher Renten	
2	+ steuerpflichtiger Teil privater Renten	+
3	- Werbungskosten (tatsächlich/pauschal)	-
4	Renteneinkünfte (Zeile 1+2-3)	=
5	Beamten- u. Werkspensionen (Bruttobeträge) - Versorgungsfreibetrag - Zuschlag zum Versorgungsfreibetrag - Werbungskosten (tatsächlich/pauschal)	 - - -
6	Pensionseinkünfte	=
7	Weitere Einkünfte aus Kapitalvermögen + sonstige Einkünfte + Arbeitslohn + gewerblicher oder freiberuflicher Tätigkeit + Vermietung und Verpachtung + Land- und Forstwirtschaft - Altersentlastungsbetrag	 + + + + + -
8	Weitere Einkünfte insgesamt	=
9	Steuerpflichtig insgesamt (Zeile 4+6+8)	= < > Grundfreibetrag? Jahr:

5.11   Anlage 11 – Übersicht Formulare DRV

Von der Wiege bis zu Bahre: Formulare der DRV

Die Formulare der Deutschen Rentenversicherung folgen dem Aufbau „Buchstabe plus Formularnummer":

V   wie Versicherung (zum Beispiel V 100 Antrag auf Kontenklärung)
R   wie Rente (zum Beispiel R 100 Antrag auf Rente aus eigener Versicherung)
G   wie Gesundheit (Rehabilitation)
C   wie Clearingstelle

Versicherte sollten Vordrucke der Deutschen Rentenversicherung möglichst nicht auf ihrem PC vorhalten. Die Vordrucke ändern sich von Zeit zu Zeit. In der Fußzeile der Vordrucke steht das Stand-Datum. Ist die Formularnummer bekannt, sollte man keine Zeit mit dem Rumklicken auf der Website der Deutschen Rentenversicherung verschwenden. Einfach die Formularnummer mit dem Zusatz DRV in die Suchmaschine eingeben. Beispiel: „V 100 DRV" – das passende aktuelle Formular finden Versicherten unter den ersten Treffern der Suchmaschine.

Antragsformulare sollten Versicherte möglichst (bis auf wenige Ausnahmen wie das R 210 beim Antrag auf Rente wegen EM) nicht selbst ausfüllen. Sie sollten besser einen Termin mit einem Service-Zentrum bzw. einer Auskunft- und Beratungsstelle der Deutschen Rentenversicherung vereinbaren. Das schont die Nerven.

Versicherte können die Anträge auch online stellen. Letztendlich müssen sie aber dennoch zur Behörde, weil die „Personenstandsdaten" bei den Antragsvordrucken V 100, V 800, R 100, R 500 noch bestätigt werden müssen oder die einzureichenden Nachweise in Fotokopie noch dem Stempel „Amtlich bestätigt" benötigen.

5.12   Anlage 12 – Wer geht wann in Rente?

So können Versicherte ab dem 01.07.2014 in eine Altersrente gehen Achtung: Wer vor dem Stichtag **01.01.2007** Alterszeit abgeschlossen hat, schwerbehindert war oder sonstige Vereinbarungen geschlossen hat, für den können im Einzelfall die bisherigen Altersgrenze weiter gelten (Im Zweifel bei der Deutschen Rentenversicherung nachfragen).

Geburts-jahrgang	Altersrente für langjährig Versicherte §§ 236, 36 SGB VI			Altersrente für schwerbehinderte Menschen §§ 236a, 37 SGB VI			Altersrente wegen Arbeitslosigkeit/Altersteilzeitarbeit § 237 SGB VI			Altersrente für Frauen § 237a SGB VI		
	ab-schlags-frei	vorzeitiger Bezug ab		ab-schlags-frei	vorzeitiger Bezug ab		ab-schlags-frei	vorzeitiger Bezug ab		ab-schlags-frei	vorzeitiger Bezug ab	
	Alter Jahr/Monat	Alter Jahr/Monat	Abschlag in %	Alter Jahr/Monat	Alter Jahr/Monat	Abschlag in %	Alter Jahr/Monat	Alter Jahr/Monat	Abschlag in %	Alter Jahr/Monat	Alter Jahr/Monat	Abschlag in %
3-12/1949	65/3	63	8,1	63	60	10,8	65	63	7,2	65	60	18
1950	65/4	63	8,4	63	60	10,8	65	63	7,2	65	60	18
1951	65/5	63	8,7	63	60	10,8	65	63	7,2	65	60	18
01/1952	65/6	63	9	63/1	60/1	10,8						
02/1952	65/6	63	9	63/2	60/2	10,8						
03/1952	65/6	63	9	63/3	60/3	10,8						
04/1952	65/6	63	9	63/4	60/4	10,8						
05/1952	65/6	63	9	63/5	60/5	10,8						
06-12/1952	65/6	63	9	63/6	60/6	10,8						
1953	65/7	63	9,3	63/7	60/7	10,8						
1954	65/8	63	9,6	63/8	60/8	10,8	Altersrente für Frauen und					
1955	65/9	63	9,9	63/9	60/9	10,8	Altersrente wegen Arbeitslosigkeit/					
1956	65/10	63	10,2	63/10	60/10	10,8	Altersteilzeit gibt es für die Geburtsjahrgänge 1952 und jünger nicht mehr.					
1957	65/11	63	10,5	63/11	60/11	10,8						
1958	66	63	10,8	64	61	10,8						
1959	66/2	63	11,4	64/2	61/2	10,8						
1960	66/4	63	12	64/4	61/4	10,8						
1961	66/6	63	12,6	64/6	61/6	10,8						
1962	66/8	63	13,2	64/8	61/8	10,8						
1963	66/10	63	13,8	64/10	61/10	10,8						
1964	67	63	14,4	65	62	10,8						

Stand: April 2014 – unter Berücksichtigung des Referentenentwurfes zu § 236b Abs. 2 SGB VI in der Fassung eines möglichen RV-Leistungsverbesserungsgesetztes zum 01.07.2014 – **Irrtümer und Änderungen im Gesetzgebungsverfahren vorbehalten!**

Weiterführende Literatur

Antworten und Tipps zur Rente von der Deutschen Rentenversicherung. www.ihre-vorsorge.de.

Die rechtliche Arbeitsanweisung der Deutschen Rentenversicherung. www.deutsche-rentenversicherung-regional.de. Zugegriffen: Okt. 2014.

DVD „Curt" (Computerunterstützt Rentenversicherung trainieren), 35 €. Lernprogramm für Auszubildende der Deutschen Rentenversicherung, die aber auch für engagierte Laien von Interesse sein dürfte. Zu bestellen über www.lettershopservice.de. Zugegriffen: Okt. 2014.

DVD „RV-Literatur", zu bestellen bei der DRV (5 €). Enthält alle Broschüre, Formulare und die rechtliche Arbeitsanweisung für die DRV. Zugegriffen: Okt. 2014.

Horn, S., et al. *Kompaktwissen Altersvorsorge – Das Produkthandbuch zum Rechentraining* (44,99 €). Gabler. Zugegriffen: Okt. 2014.

Rentenversicherung in Zeitreihen 2013. Damit haben Sie alle Zahlen rund um die Rente griffbereit. Download oder Bestellung über die DRV (jeweils kostenlos). Zugegriffen: Okt. 2014.

Rentenversicherung in Zahlen 2013. Kompaktwissen für die Hosentasche. Download oder Bestellung über die DRV (jeweils kostenlos). Zugegriffen: Okt. 2014.

Schuchardt, D. R., et al. (2014). *Jahrbuch Altersvorsorge 2014* (44,90 €). Vertiefende Darstellung der steuerrechtlichen Problematik rund um die Altersvorsorge. NWB-Verlag. Zugegriffen: Okt. 2014.

Texte und Erläuterungen zum SGB VI, zu bestellen bei der DRV, 11 €. Zugegriffen: Okt. 2014.

Weinacht, J., & Schmidt, U. *Grundriss des Rentenversicherungsrechts* (36,80 €). Eine juristische Einführung in das Fachgebiet. Kohlhammer. Zugegriffen: Okt. 2014.

Zahlen, und Tabellen der gesetzlichen Rentenversicherung – Werte West (ohne Knappschaft) – erscheint jeweils zum 1. Januar und 1. Juli kostenlos zum download auf www.deutsche-rentenversicherung-bayernsued.de (Bestellung nicht möglich). Zugegriffen: Okt. 2014.